不是搞不定人，是搞不懂人性

掌握人類行為的底層邏輯，
到哪都吃得開！

王心傲
——著

目錄

PART 1 看見人性：看穿底層邏輯，活成一個明白人

PART 2

學習人性：用人性邏輯升級認知與思維

PART 3

運用人性：做事、做人、處世

第九章　清醒處世：成事不傲，敗事不喪

寫在前面

在這本書裡，我結合自身經歷和諮詢案例，將自己多年對人性的洞察做了系統總結，希望能夠帶你理解人性的底層邏輯，清理由來已久的錯誤思維。

本書分為三個部分。第一部分帶你看見人性，我們看到的很多事情往往只是表象，其背後隱藏的真相才真正值得深思。如果你覺得世界很複雜，無論怎麼努力都過不好這一生，那麼這部分內容可以幫助你活成一個明白人。第二部分帶你學習人性，借助對人性的認知來提升自己的思維深度，轉變固有的不合理思維，洞見背後的本質規律，並將其揉進自己的認知框架中。第三部分帶你運用人性，只有放大人性的優點，規避人性的弱點，才能在這複雜的人世間清醒地做事、做人、處世。

你可以把這本書當作一本清醒生存指南，看見人性的幽微，理解人性的底層邏輯，你就能對這個世界多一份理解和包容。

我更希望，你能通過這本書學會三種現實主義思維。

第一，客觀。生活中有太多的人都是活在自己臆想的世界裡，他們認為，只要努力，就一定能成功；只要對別人好，別人就會對自己好；只要付出了，別人就會感激自己。正是這種自我中心的思維帶給自己無限的煩惱。

第二，認命。很多人對認命存在錯誤認知，其實認命不是妥協，而是成熟，不糾結，不執著。只有認命，才不會盲目自信，接受現實，知道自己可以改變的是什麼，並基於自己的能力範圍付出努力。

第三，有效性。你要學會跳出所謂的對錯導向思維，而是用效果導向來處世。這是一個人走向成熟的標誌。擁有有效性思維，你就不會執著於是非黑白，而是能基於現實做出可行性思考：我這樣做離想要的結果是更近了還是更遠了？我做這件事的初衷是什麼？怎樣做才能得到我想要的結果？

所以，靠近人性、思考人性，並不是致力於看穿他人、掌控關係，而是更加瞭解自己、掌控自己。我們終將明白，人世間所有事情都不可控，可控的只有自己。當我們把力量往內放，才會有更強大的勇氣去面對不可控的未來。希望通過這本書，你能夠回歸現實，活得真實、勇敢，當下做的每一個選擇都是最好的。

PART 1
看見人性

看穿底層邏輯，活成一個明白人

第一章

關於人性，你該早點知道的真相

#人性的底色，不是善惡

人性本善，還是人性本惡？

關於這個問題，幾千年來都沒有一個明確的答案。如果我們非要絕對地討論出是非對錯，反而掉進了二元對立思維的盲點。這個世界上有太多東西，是不能單純以是非善惡評判的，我們要看見對錯之外的灰色地帶。

當我們喜歡用是非對錯來評判某件事、某樣東西、某個行為時，說明我們的認知格局還不夠高。面對萬千世界，我們每個人的知識都太有限了，我們對事物的評判都受控於現有的認知……事物的存在都有不確定性，今天我們所信奉的「真理」，在未來的某一天很可能會轟然倒塌。所以真正境界高的人，都不會輕易評判一件事。

當我們想要單純在人性的善與惡之間做一個絕對劃分時，說明我們還未真正成熟。那在我們已有的認知下，唯一可以界定的是什麼呢？是人性中都有自私的基因。

自私的基因，是人賴以生存的本質

如果一個小嬰兒不自私，他是難以生存下來的。家裡有嬰兒的人們都有這樣的經歷，他在餓的時候，或者身體不舒服的時候，比如發燒，都會哭鬧，但這時他會不會顧及大人累不累？是不是在深夜？很顯然是不會的。因為這個時候，他處在全能自戀階段。

當嬰兒長大些，看到大人吃東西的時候，他又會怎麼做呢？他即便還沒有學會說話、走路，但是已經懂得從大人的手裡奪吃的。這個時候的小孩子是沒有經過外界環境的塑造和打磨的，但基於個體生存的本性，他會全然去考慮自己的需要如何得到滿足。

人靠自私的基因來完成優勝劣汰。從生物進化論的角度來看，假若我們的祖先不自私，不先考慮自身生存問題，那麼在殘酷的生存競爭中，他們存活下來的機率會更低。我們人類能存活下來，站在自然界的頂端，體內天然攜帶的「自私的基因」起了決定性作用。

可隨著人類文明的發展，我們能夠看到人身上散發出的付出、善良、樂於助人等優良品質。但是，我們不能說人的自私基因就進化掉了。事實上，**在文明的引導下，有著自私基因的人完全可以成為一個好人、善人。**每個人都是自私的，但每個人也都有可能成為大善的人。反過來，再善良無私的人，其骨子裡也有著自私的一面。

自私意味著什麼？意味著每個人都會選擇當下最有利於自己的行為，但這種「利」，顯然不僅僅體現在金錢上，還包括精神需求、信仰等。哪怕你做一件事，僅僅是因為做了之後感到很快樂，這也是一種自私，因為你是為了自己去做的。所以，在情緒滿足上，你是「自私的」，如果做一件事讓你感到很痛苦，你很大機率是不會做的。

我們不能否認父母之愛很偉大，但是亦不能否認這其中有自私基因的存在，比如為什麼父母對自己的孩子比其他孩子更好？為什麼父母對自己的兒女，一般都好過對自己的父母？為什麼會有「養兒防老」的說法？抑或是你有沒有聽過父母說「你要努力讀書，將來家裡就靠你了」這些話？

事實上，關係的背後本就是價值交換，但我們要注意的是，「價值」可以是世俗層面的物質價值，也可以是精神層面的心理價值。很多父母在養兒育女的過程中獲得了心靈的寄託和愛的回流，這在他們來看或許是更有意義和價值的事情。

極致的自私注定毀滅，道德的價值顯而易見

可能還會有人質疑：「自私無可厚非，那為什麼還會有道德？」試想一下，如果人人都追求極致的自私，都想獲取更多的利益，而沒有一些規則去制約，那麼會發生什麼情況？最直接的後果可能就是，同種族之間相互殺戮、搶奪資源，長遠來看，其結果是災難性的。

這種方式最後必然導致人類整體力量的大幅度衰減，在對抗其他威脅時就會處於下風，長期下去整個種族可能都會消亡。經過過去一次又一次的慘痛教訓，人類也發現了這個事實。所以為了避免這種糟糕的情況發生，人類開始嘗試合作，以獲取更長遠的利益。

可是，盲目地、毫無章法地合作又滋生了很多問題。為了解決和避免這些問題，人們嘗試制定一些規則來限制彼此，這些規則經過長期的演化，最終就形成了道德。

所以，從這個角度來看，**產生道德的根源，其實就是人性的自私**。因為擁有道德對人類的生存更有利，所以人類才制定道德標準。因此，我們在認知上不應該把「自私」與「道德」完全對立。此外，與人合作，其實在一定程度上也是一種自私的表現。因為合作，是我們經過綜合考量後所做出的對當下最有利的選擇。

為何自私不招人待見？

既然自私是人性的一個基因，那為什麼我們的文化習慣性地、普遍地將其視為一個貶義詞，一點也不待見它呢？其實原因有三方面。

1. 成為謀利者的工具

有一個有趣的悖論，很多人一邊大喊著不要自私，對自私嗤之以鼻，一邊卻又做著自私的行為。所以如果你過分對自私有意見，極度排斥，最終受傷的可能是自己。因為自私已經變相地成為一些謀利者的工具，他們向大家營造一種不應該自私的普世觀，當大家以此為實踐標準，甚至連本該屬於自己的合法權益都放棄的時候，毫無疑問他們就能最大限度地獲利。

所以，自私不招人待見，本質上來說是挺委屈的。過度的自私當然不對，但是合理的自私是生存的基石。一個人如果都不為自己考慮，其實很難相信他會完全為別人考慮。

2. 社會的穩定不需要精明的利己主義者

太自私的人，對他人和社會都不是一件好事。如果人人都一味地自私自利，從自身出發去社交，那麼就會出現相互掠奪資源的失控場面，最終的結果是人人都無法生存，更無法得到好處。如果人人都想著獲取最大的利益，不顧其他，社會還能穩定嗎？顯然不能。

3. 人人都渴望歸屬，而不是被孤立

每個人都不想被貼上「自私」、「勢利」的標籤，因為一旦被貼上了，別人自然而然就會覺得跟他交往而獲利的可能性不大，所以就不會跟他相處，轉頭找別人了，這樣他就成了人群中的孤島，無法獲得歸屬感。所以聰明的人會在歸屬與自私之間找到平衡。他們既能在社交、合作中保護自身利益，又不會一直讓對方吃虧，從而將關係維持下去。

所以，自私並不是不好，而是不能一味地只主張自私自利，忽視了對他人需求的回應。也就是說，**我們每個人都應該善良，但是善良也應該有一個底線**。

活得通透的人不會給自己貼標籤，讓自己活在「老好人」的評價下，他們敢於正視自己內心自私的需求，並懂得在人際關係中選擇利於自己的最佳行為。世界上極少存在絕對無私的人，真正成熟的人，必然都是看破並且敢於接受人性自私的。

而沒有足夠的勇氣看清並接受真相的人，往往會做出失誤的決策，錯失機會，甚至對別人的「合理」行為做出錯誤反應。比如當公司的一個職位出現空缺的時候，他可能為了擔心被說勢利，而不敢去爭取；而對於那些敢於積極爭取自己合理權益的人，他卻覺得對方卑鄙。

所以，清醒一點，也勇敢一點，自私的本質沒有對錯，不敢面對、承認這一人性的弱點，反而會讓自己成為人性的囚徒。

世界美好無限，但也不能回避醜陋

你是一個特別重感情的人嗎？

你能接受世界有時候並沒有那麼美好的事實嗎？

在跟大家分享很多關於人性方面的知識，和接了不少諮詢後，我發現，很多人對這個世界都有著太多的主觀預期，這些預期大都超級美好，讓人陶醉。比如很多人覺得：我只要對你好，你就會對我好；我很看重這份感情，所以你也會同樣真心待我……

這些預期美好得就像童話故事，可偏偏也成了我們諸多問題的根源。因為無論我們如何自我陶醉，這終究只是我們的主觀假設，社會現實終究會讓我們慢慢發現人性的真相。如果你對人性背後的現實認識得不夠透徹，注定要因此受傷。

感情，本質上屬於關係的一種。既然是關係的一種，那麼很顯然，這背後必然是需要有利益支撐的。如果一段關係裡只有所謂的感情，這樣的關係反而是最脆弱的、不穩定的。

我兩個最好的兄弟去年鬧翻了，鬧到兩個人連在同一個城市待著都覺得難受的程度，所以現在天各一方。為什麼呢？這兩個人前年發現了一個商機，就一起合作創業，以前雖然好到穿一條褲子，但是並沒有在一起共過事。合作之後，因為很多決策都涉及利益，兩個人在很多問題上的意見都不一致，慢慢就有了矛盾。

而且最重要的是，兩個人有了矛盾，可是又念及感情，一直忍著、壓抑著，最後忍無可忍，爆發了。兩個人鬧得非常厲害，鬧到老死不相往來，我怎麼勸都無濟於事。曾經信誓旦旦地說著彼此間感情比天高、比海深的人，沒多久後就被自己「打臉」了。

我給學員授課時還講過一個故事，A同事開著B同事的車出去玩，結果不小心撞到了一個人，要賠對方四十幾萬元。因為是A開的車，所以自然要A負責，可是A不同意，非說這車是B的，B也有一半責任。結果兩個感情同樣比天高、比海深的人瞬間就換了一副姿態，開始相互追究責任，鬧得特別僵，現在都成了仇人。

感情很美好，但是世界上太多事都具備了不可預期的複雜性和多變性。感情更是如此，這裡面的變數太多，比如你變了，我變了，我們都變了，外在因素（利益）變了⋯⋯任何一個因素的變化都可能導致整體的變化。一旦你單純地將某一時期的形態定義成永恆，往往很容易會受傷。

劉邦，原本是一個平民老百姓，最後卻當上了皇帝，他憑什麼能做成皇帝？靠的是韓信、蕭何和張良的幫助。當時韓信手握兵權，他的好友蒯通勸他自立為王，小心提防劉邦，可是韓信念及知遇之恩，沉浸在感情裡，沒有聽蒯通的。結果劉邦得了天下，四海平定之後，馬上就把韓信給殺了。其中的道理很值得揣摩。

為什麼四海平定之前，劉邦不對韓信出手，甚至還把面子功夫做得特別足，表現得重情重義？因為此刻的韓信對他有用，他需要利用韓信掃除對手。等到四海平定後，在劉邦的眼裡，韓信就成了一個威脅。當感情與利益發生衝突時，劉邦選擇了利益。在人與人的合作中，遍體鱗傷的人往往都是沒有深刻認識到感情本質的人。我經常說，我們因為有感情，所以生活便有了更多意義，但是基本上問題也來源於此。因為人只要活著，就要跟其他人交往，簡單說就是人必須也必然要在關係中存活，那麼想要在其中活得更通透些，就必然要學會做好感情和利益的區分。可惜很多人容易將二者混為一談，要麼只靠感情，要麼只談利益，這導致一旦感情遇上利益，感情很容易分崩離析。

很多人接受不了在感情面前談利益，但我們要客觀地認清一個事實：人性有自私的一面，如果我們只看到人性的美好，而忽視其醜陋的一面，這是盲目、主觀的自我欺騙。我們不否認很多感情很偉大、很無私、很高尚，但是如果我們把這種神聖的感情理解為人性真相，那就很可能會遠離真相。

#你要有菩薩心腸，也要有金剛手段

經常有人問我，一個人真正成熟的標誌是什麼？在我看來，體現一個人變得成熟的標誌有很多，但其中最重要的一個是：能夠接納這個世界的灰色。

認識灰色、接納灰色

你小時候有沒有看過白雪公主、小紅帽和狼外婆、賣火柴的小女孩、醜小鴨這些童話故事？在這些故事裡，善與惡總是那麼分明，而且善良的人最終都獲得了回報。童話讓我們感覺這世界真是太簡單、太美好了。

小時候，我們通過童話的方式來認識這個世界，這是沒有問題的，它能培養我們心中的愛。但是慢慢長大後，隨著逐漸步入社會，你就要明白，童話世界之所以美好，是因為它只是人們的一種心理希冀。人們期盼世界是單純而美好的，社會也宣導好人得到好報，壞人得到懲罰。這都是人們的夢想和期待，但現實世界要冰冷、殘酷得多。

在生活中，善良的人不一定得到好報，善意也並非總是換來尊重，好人也並不一定不會成為惡魔。人性是複雜的，童話世界最顯著的特點就是簡化了人性和世界，把它變成了二元對立，非黑即白。成年後，我們發現，用童話般的思維去生活、處世，會很受傷，童話濾鏡會被現實打得粉碎。

我們終將意識到真實的世界是很複雜的——好人也有糟糕的一面，美好的愛情摻雜著欲望和傷害，一件看似是禮物的東西日後可能會變成炸彈……

所以，一個人慢慢成熟，應該會發現很難用好、壞去定義一個人、一件事，或者定義自己。因為真實的世界本身就是非常複雜的、多變的、很難去定義的。這意味著我們需要走出想像中的世界，對生活和自我建立更加深刻的認知，培養自己的灰度思維，即學會在對與錯、黑與白之間看到更加複雜的顏色。

我年輕的時候讀三國，非常喜歡劉備，認為劉備是好的一方，他是中山靖王之後，又非常講義氣；而曹操非常壞，是奸詐小人。可是現在再來看三國，我發現我讀出了完全不一樣的含義。劉備也好，曹操也好，都沒有絕對的好與壞之分，他們只不過是站在不同的立場做著不同的事而已。當你換一個角度去看待他們的時候，就會得到不同的答案。

比如趙子龍長坂坡捨命救了劉阿斗後，劉備是怎麼做的，他要當面摔了自己的孩子，他真的那麼愛護自己的將領嗎？或許只是為了攏絡人心吧。從這點來看，劉備也並非不用奸詐之計。曹操也並不是一個十足的壞人，關羽能夠過五關斬六將，趙子龍能單槍匹馬，闖出長坂坡，也有部分源自曹操愛才、惜才，不痛下殺手。

現實中的很多事，往往不是非黑即白、非對即錯的；現實中的很多人，往往也不是非善即惡、非敵即友的。對於任何的人與事，當你換個角度去看，就是另一番光景。

所以成熟的標誌之一，就是認識灰色、接納灰色。因為，灰色才是世間萬物發展的常態。如果我們只用「對」和「錯」去判斷事情和人，會發生什麼事呢？我們會掉進「主觀的陷阱」，偏離真相。

把控「度」，去絕對化

這世上高明的智慧之一，就是對「度」的把控，它詮釋的是平衡之道，我們可以用三句話來理解。

凡事都在於「度」的把控，沒有絕對。

凡事過了度，就會朝對立的方向發展，物極必反，樂極生悲。

凡事只求八分圓，才是最高境界。

很多人為什麼能成功？他們除了看到了人性的灰色地帶，還在於能夠把控好待人接物的「度」，時刻都能找到平衡點。

高先生在三年前娶了嬌妻蘇女士，婚禮辦得相當氣派，兩個人更是被親朋好友們視為模範夫妻，兩人一直表現得相親相愛，舉案齊眉。

可是就是這樣一對「神仙眷侶」，前段時間卻出事了。原來高先生無意中發現老婆背地裡跟另一個男人來往，她出軌了。這消息一傳出來，一時之間眾說紛紜，身邊人都大張旗鼓地站在「被出軌者」的陣營裡，認為高先生是受害者，更值得同情，都一面倒地口誅筆伐蘇女士。

其實，這就是典型的普通人思維，簡單說就是：不是你錯了，就是他錯了。夫妻中的一方出軌，到底是誰的錯？真正的智者都明白，促成一個結果的原因太多了，雙方一定是黑白交錯，所以他們會選擇站在兩個圈子外的灰色地帶。俗話說，一個巴掌拍不響。

就拿上面的例子來說，蘇女士出軌自然是她的不對，可是你若瞭解高先生，怕是也不會覺得全是蘇女士的錯了。高先生雖然感情還算專一，沒有跟其他女人來往，但是性情古怪，平時愛發脾氣，時不時還家暴，從來不懂浪漫。當你簡單地用非此即彼的思維去界定一件事時，就已經說明了你的境界還需要提高。

我們再來用灰度思維重新認識「人性」這件事吧，這或許能幫助你把一些事看得更透徹。經常有人發私訊給我，說他們很痛苦，很迷惘，甚至覺得很受傷。我跟他們聊了之後發現，大多數人的傷心、痛苦，都來自把人想像得太完美了。

表哥的同事有急事缺錢，就找表哥借，表哥同意了。他覺得自己這時候伸出援手，未來自己遇到難處時，同事也會幫忙。有一次公司加派任務，他眼看著做不完了，就求助那個同事，可對方卻因為有事拒絕了。於是表哥就很生氣，逢人就說幫了個「白眼狼」（編按：形容人忘恩負義），結果兩個人的關係越來越差，甚至最終成了對頭。為此，他痛苦不已，苦悶已久。

何必呢？表哥完全沒有從灰度思維的角度搞懂人性啊！人性本就是複雜的，如果你主觀地去把身邊人分成好人、壞人，並差別對待，那麼好人如果有一天變惡魔，受傷的還是自己。當被傷害了，你再拿著道德的規尺控訴對方怎麼這麼壞，心怎麼這麼黑，那你就太單純了。

其實想想，你覺得一個人好，並對他掏心掏肺，深層次的動機或許是覺得對方值得依靠，有朝一日可以幫上自己。你對人性的期待會導致你因為對方沒有達到自己的期待而生氣。客觀來說，如果表哥覺得對方是好人，更可能做有利於自己的事，更不會傷害自己，才去靠近他，這也是人性自私的一種表現。而對方接受了他的好意，卻沒有給他幫助，這也是他人性自私的一種表現。你我他皆凡人，都逃不過人性。

所以，一直追問人性到底是善還是惡的人，其實是沒有灰度認知的人。一個做盡壞事的黑幫老大，跟他是一個大孝子並不矛盾；一個課堂上風度翩翩的大學教授，回到家也可能是個家暴狂。人性沒有善惡，人性更多的只是自私。當他善的時候能得到更多，他就會表現為善；當他惡的時候能得到更多，他就會表現為惡。你之所以因為他對你惡了，就很受傷，是因為你自己一開始把對方主觀定義成「恆定的善」，卻忘了這世界一直在不停地變，更何況一個人。

人性善與惡，全在你心裡

有人看到這裡可能會說，明白了人性本自私，學會用灰度思維看待萬物，難道我以後就要把所有人都當成壞人看待嗎？其實也不是。我們要學會的是看見人性的複雜，並在生活中擁有更多對自己人生的掌控權。

一個人，其人性本善還是本惡，根本不是取決於他們，而是取決於你。因為人性的善與惡，背後的本質來自利益，當你能為他們創造利益的時候，他們對你都是善的；當你不能為他們創造利益時，甚至你是他們的一種「負債」時，他們對你就是惡的，甚至會把你一腳踢開。

天下熙熙，皆為利來。當你對其他人沒有價值，帶不來利益，自然要日薄西山。這很現實，但並不可恥，因為這是每個人的生存需要。所以這個真相儘管很殘酷，你也要接受，客觀去對待它，而不是回避，不是說你捂上自己的眼睛、耳朵，它就不存在了。人只要活著，這便是擺不脫的現實。

既然現實如此，那我們就要順從規律。老子講「無為而為」，簡單說就是對於無法掌握的，我們要放下；對可以發揮作用的，我們要盡力。既然我們無法改變規律，那只能適應規律，讓自己一直變強，讓自己一直有價值，以此掌握生活和關係的主動權。

人這一生，要用全部精力經營一樣東西，叫作「你的不可替代性」。這背後的邏輯是：別人對你的態度，對你的尊重，給你的每一分愛，其實都是來自你的不可替代性。所以別人傷害你、拋棄你，本質原因就在於，你太容易被替代了。

這世界上並非沒有所謂的真感情，當然有，而且很多。但是我們需要明白的是，在利益面前，要剝離出感情，而不要用感情蒙蔽面對利益時的雙眼。

很多人不具備灰度思維，他們覺得與親人做生意會鬧翻，是因為對方能力不行、性格不行、思維習慣不行等，總之是對方的問題造成現在的局面。其實，對方也會這樣想。如果合作的雙方都不具備灰度思維，把感情與利益混為一談，最終雙方都可能受傷。

我們生活在人類社會中，不管經營家庭也好，經營公司也好，都在跟人打交道，本質上都是跟人性打交道。**想要游泳，先要懂水性；想要馴獸，先要懂獸性；想要跟人處好關係，先要懂人性。**如果這麼說，你覺得難以接受，那就細品，慢慢品。

#史丹佛監獄實驗：永遠不要試探人性

小時候看電視劇，總傾向於區分誰是正派，誰是反派；再大時讀三國，覺得劉備仁義無雙、重感情，是英雄，曹操則是奸詐小人。可如今再回頭看，覺得自己分外幼稚。這世間最複雜的、最善變的莫過於人性了，怎麼能單純以善惡度之呢？怎麼能以它某一階段的呈現，就覺得它會一直如此呢？

那麼一個人為什麼總是容易被傷害呢？在與人相處中，為什麼他一直是受害者呢？很大程度上是因為他在人性這方面的認知過於絕對化。

好人也會幹「壞事」

我有個朋友在一家私企上班，因為表現好，有望下個月得到晉升，拿下公司空缺已久的經理位置。可是在任命下來之前發生了一件事，讓他一下子就錯失了機會。他的一位好友，公司裡大家公認的「好人」，私下寄了一封關於我朋友的「黑料」給老闆，結果朋友被老闆叫到了辦公室，被批評一頓不說，升職成為經理的美夢也碎了。

朋友告訴我，他想到了會有其他的競爭者想方設法對付他，但他根本沒有想到會是這個人最終害了自己，因為這個人平時待大家都很隨和，跟他的關係更是特別要好，兩個人經常一起吃飯、出去玩。

我們在很小的時候，就已經從小白兔與大灰狼之類的故事中被灌輸了「好人」與「壞人」的概念。我們覺得好人受到大家的愛戴和信任，而壞人則是老鼠過街，人人喊打，即使不喊打，也要防之又防。其實這個邏輯是有盲點的，因為一個人是好還是壞，沒有絕對分明的界線，壞人不一定會一直做壞事，好人也未必一直行好事。

關係中的「好」、「幫助」是一個很模糊的概念

人與人之間的關係到底是怎樣的？什麼樣的相處模式才是最好的？面對這個問題，很多人的答案可能是：相處很簡單，只需要給他人關心和幫助，又不求回報，這樣總沒問題了。其實這種想法很可能讓人掉入盲點。

讀初中的時候，我們班上有位男同學，他父親出了點事情需要用錢，可家裡比較窮，拿不出這些錢。一位女同學知道後，馬上組織大家捐款，她又是寫倡議書，又是組織大家開會，同學們多多少少都捐了一些錢。可是就在這位女同學高興地上臺演講，要把籌到的捐款交給男同學時，他的臉漲得通紅，羞憤交加地拒絕了：「我不需要，用不著妳的好心。」那位女同學聽完後馬上就「炸」了：「我為了這件事，天天這麼忙，四處幫你籌款，你怎

麼這麼不識好歹？」男同學冷笑了一聲，回應道：「妳不要說得這麼好聽，我找妳幫忙了嗎？我家裡是窮，可那又怎樣？我不是妳沽名釣譽的工具。」

所以，對別人好其實不是一件簡單的事，你的好心很多時候不僅會讓自己很委屈，也會對別人造成傷害。

首先，「好」是一個很模糊的概念。如果你只是基於自己主觀的想法對別人施加你認為的好，卻沒有站在對方的角度去理解他的訴求，你的這種好，很顯然只是一種自以為是。這不但不會讓別人心懷感激，還可能會讓別人覺得是一種打擾，甚至是傷害。那麼你沒有得到預期的反應，也會感覺非常委屈，甚至覺得對方沒良心。

其實，在未經別人的允許或者別人根本不需要幫助的前提下盲目揮灑熱情，就是一種傷害。不得不承認，很多人提供幫助的出發點是幫助自己，滿足自己的私欲。因為他們會在心理上將自己抬到一個很高的道德層次，甚至有莫名的優越感，或者希望通過幫助別人來獲得更多的回報，這種幫助是很虛偽的。

我們可以嘗試著問問自己：如果幫助別人要犧牲自己的利益，或者會給自己帶來痛苦，那麼我還會去做嗎？可以好好思考這個問題。

所以，如果我們做好事首先是為了讓自己有所得，哪怕是獲得快樂，本質上都是一種自私的行為，特別是未經別人允許的話，就更值得思考了。那為什麼大多數人覺得只要是提供幫助，即便辦了壞事，也不應責怪自己呢？普通人往往都是缺乏世俗資源的一方，所以對「施」的需求很大。也就是說，我們都想要成為一個樂於助人的人，都想獲得樂於助人的名聲，這是一種世俗意義上的資源。

名聲好，就意味著別人對你的印象加分，跟你結交的可能性更大，那麼獲利的可能性自然會更大，這就是你獲贈的附屬資源。這就好比相親，介紹人說你很優秀、心地善良、樂於助人，這些光環其實都在無形中為你加分。所以，關心也好，行善也罷，在對方沒有提出明確請求的時候，其實一切都是我們一廂情願的主觀行為。

道德兩難情境

丁公是項羽手下的將領，奉命在彭城西面追殺劉邦。短兵相接，劉邦感覺事態危急，便向丁公求情，希望他饒過自己一命，並許諾日後定當百倍回報。

丁公看劉邦仁義，動了惻隱之心，於是領兵撤還，跟項羽說沒有追到。後來項羽被劉邦滅了，丁公去見劉邦。本以為劉邦會對他加官晉爵，送他黃金良田。不料劉邦把丁公五花大綁，拉到軍營中示眾，說道：「丁公身為項王的臣子卻不忠誠，是使項王失掉天下的罪人！」丁公當場就崩潰了。劉邦說完就把他殺了，並說：「後世為人臣子的人不要效法丁公，否則一律斬首！」

很多人會認為劉邦忘恩負義吧？其實這樣定義就狹隘了。從私人交情的角度，劉邦殺丁公確實不近人情、忘恩負義，但從劉邦作為皇帝的用人角度，丁公這樣的人不能留，而且這種人不利於國家利益。因此，真正成大事者，必須學會做取捨，不被私人感情和世俗道德過分束縛。劉邦也是人，在感情上自然也有惻隱之心，也會良心不安，但為了更好地長治久安，他很明白自己必須要跳出小情小義的道德束縛。

有一個電視劇情節，一個將軍派自己的屬下去探查敵情，可是回來的時候隊伍裡混入了敵軍的奸細。剛好這時候敵軍殺了過來，屬下哭喊著請求將軍開城門，將軍含淚沒有開，看著兄弟們死在眼前。

將軍錯了嗎？沒有所謂的對錯，一切不過是取捨選擇而已。如果開了，城裡的無數百姓就要被殺害；如果不開，自己的屬下只能死在眼前。所以將軍肯定有惻隱之心，但還是要做出選擇，不能被感情控制、被道德綁架。

人生更是如此，世上哪有兩全法，很多時候跳出道德綁架，跳出世俗觀念，你才能活得更好。

史丹佛監獄實驗：天使也會變成惡魔

為了更清楚地說明這個真相，我們可以看一下著名的人性實驗——史丹佛監獄實驗。

一九七一年，美國心理學家菲利浦・津巴多（Philip Zimbardo）在史丹佛大學任教，他將史丹佛大學心理系的地下室改建成一座模擬監獄，並通過報紙廣告招聘了二十四名志願者。這些志願者均通過了身體健康和心理穩定測試——這些測試在篩選監獄實驗的志願者中是至關重要的。

志願者都是男性大學生，被隨機分組成十二名獄警和十二名囚犯。津巴多自己也參與其中，並且將自己任命為「典獄長」。為了使實驗更真實，擔任「囚犯」的學生都穿著犯人的衣服、戴著腳鐐和手銬；擔任「獄警」角色的學生則穿著警服，並戴上黑色的墨鏡以增加權威感，他們擁有真實獄警所擁有的一切權力。

自願參加實驗的學生們被告知：在實驗過程中，他們有可能被侵犯部分人權——之所以設定得如此真實，是為了讓雙方能真正進入預設的角色。有些「囚犯」是在家裡被「逮捕」的，他們被銬上手銬、戴上牛皮紙頭套，而執行逮捕行為的是同意與津巴多合作進行實驗的加州警方。

實驗開始後，每個志願者都花費了一天左右的時間來適應這種生活，然後這群受當時美國嬉皮作風影響的「囚犯」開始挑戰權威，就在第二天，「史丹佛監獄」發生了暴動。

為了制止暴動，一些「獄警」開始逼迫「囚犯」在水泥地上裸睡，並以限制浴室的使用（常常被剝奪的特權）作為威脅。他們強迫「囚犯」做羞辱性的訓練，並用雙手清潔馬桶。這些正常的、心理健康的「獄警」在鎮壓方面學得很快。隨著實驗的進行，「獄警」們採用的懲戒措施日益加重，以至於數次被實驗人員提醒。

在實驗進行到第三十六個小時的時候，一名「囚犯」因受到的精神壓力過大開始出現哭泣、咒罵等各種歇斯底里的症狀，並退出了實驗。實驗進行了不到兩天的時間，一位正常的、心理健康的「囚犯」已經被折磨得瀕臨崩潰。

在十二名「獄警」中有一個名叫約翰．維尼的志願者。他多次被觀察到戴著黑色的墨鏡，手持警棍，身穿制服，放聲號叫，痛罵「囚犯」，並在「囚犯」報數時表現出粗暴的態度。

甚至連實驗的主持者津巴多也漸漸進入了「典獄長」的狀態，每當看到「囚犯」被「獄警」用腳鐐鎖成一列，每個人都戴著頭套被拉到浴室洗澡的情景時，他都會興奮地對他的女友說：「快來看，看一下現在要發生什麼！」「看到沒有，這場景真是太棒了！」

而事實上，不管是津巴多、約翰．維尼還是其他心理健康的志願者，他們在現實生活中都是不折不扣的好人。這個駭人聽聞的實驗在進行到第六天的時候，已經完全失控了。在津巴多女友的強烈抗議下，津巴多才不得不終止了實驗。

最終整個實驗結果證明：世界上沒有絕對的好人，也沒有絕對的壞人，每個人的心中都有「惡」的因子，只不過大多數情況下，這一因子被深深地掩埋了，但只要有合適的土壤、合適的環境，「路西法」（魔鬼撒旦的別名）會毫不猶豫地占據人心，把一個所謂的「好人」毫無過渡地變成「壞人」。

所以，人性是複雜的，每個人都是一個多面體的存在，當他們生存的外部環境發生變化的時候，個人也會產生相應的變化。

有一句話，害人之心不可有，防人之心不可無，對於很多壞人，我們總是會小心地防範，但是對於很多好人，我們總是會掉以輕心。我們總是覺得這個人在某一方面表現得這麼友好，這麼真誠，那這個人就是值得信任的，其實並不是這樣。所以不要把自己的後背輕易交給別人。

「路西法」藏在人心裡

人性並沒有想像中簡單。西方有一句諺語：「每個人的衣櫃裡都藏著一副骷髏。」即使是好人，心裡也深藏著魔鬼「路西法」，一旦你對某人給予絕對的信任，就等於把自己的命運交給了「路西法」。

真正的敵人並不可怕，因為他已經擺明了立場，我們會對他有防範心理。真正可怕的是我們身邊所信任的好人，因為我們足夠信任他，甚至讓他知道自己的隱私，對他毫無戒備之心。但如果在某種情境下被他「捅刀子」，這帶給我們的傷害往往是最致命的，因為他太瞭解我們了，對我們的資訊掌握得太多了。

很多時候，真正傷你最深的，恰恰是身邊人，因為他們對你更瞭解，對你的攻擊更有力，更能直戳痛處，而你對他們又毫不設防。

劉墉講過一句話：「你喜歡養貓沒有問題，但是你養了貓，就不要在家裡養魚了。否則有一天，貓把魚給吃了，你就不要去責怪貓，你只能怪你自己，因為你明明知道貓喜歡吃魚，還疏於防範。」

我們在社會上遊走也是一樣的道理，我們明知道人性是複雜的、多變的，在不同的場合下、面對不同的情況，人們可能就會在好壞之間切換角色，那我們要學會對任何人都要多一點防範之心。尤其是跟自己珍視的友人，最好不要有利益糾纏，因為一旦牽扯上利益，人性中的自私基因會被觸發，人人都會為自己考慮，這個時候，我們曾經最信任的人，很可能會將我們無條件分享的祕密，作為襲擊我們的武器。

#你所有的痛苦，都來自期待過高

你有沒有在某個時間點，突然陷入焦慮、迷惘當中，感覺自己的人生一團糟？也許就像你此刻大腦裡浮現出的曾經的某個畫面一樣，這種感覺讓你痛苦非常，你極力想要逃脫，但是發現自己即使用盡全力，卻怎麼也逃脫不了。

其實，這種情況非常普遍，我們每個人在生活中幾乎都遇到過，但是為什麼總是無法跳脫這種狀態呢？主要原因在於我們對痛苦的本質缺乏理解。當你對一件事情的本質缺乏認知，卻還幻想著能夠降低它對你的影響時，這顯然是不合理的。

痛苦的「本來面目」

痛苦對每個人來說都不陌生，因為它存在於我們生活的方方面面。有人因工作痛苦，有人因情愛痛苦，有人因關係痛苦，我們對痛苦都很熟悉，卻很少能夠給痛苦下一個清晰又明確的定義。

痛苦，從本質上說是一種感受，一種情緒，是因個體內心的波動而不定向產生的一種心理感受。更直白地說，這個「傢伙」是很主觀的東西，它看似無形，卻能對你產生很大影響，且影響程度在很大一部分取決於你自己。痛苦與否，完全取決於你當下的心境。我想很多人會有這樣的體驗：一件曾經讓自己撕心裂肺，痛苦到快窒息的事情，等過去三年、五年後，你會發現，原來那麼不值一提。原本因為這件事所產生的強烈的痛苦感受，早已消失不見。

所以，痛苦並不真實，也不固定。面對痛苦時，我們每個人其實都有主動權，可以自由選擇是否被它影響。**痛苦的核心原因基本上有兩個，第一是對外在期待過高，第二是讓別人對自己期待過高。**如果你能夠真正理解這兩點，並主動去掌控，那你或許能在很大程度上做到離苦得樂。

痛苦產生的原因一：對外在期待過高

如果你對外在有一個很高的期待，期待外在能夠滿足自己內心的所有想法，堅信所有事情都能按照自己所期待的方向發展。那麼，你的很多期待最終都要落空，這時候，你就容易產生情緒波動，進而感受到痛苦。

舉個例子，比如說今天，你碰到了幾個朋友，你們一塊兒去吃飯，你把錢付了，付錢這件事本身沒有任何問題，但是你付錢之後產生了一個期待：其他人改天能夠回請你。如果他們並沒有回請，付錢這件事就會成為你的痛苦來源。

因為你一旦有了這樣的期待，可是等了對方一個星期，等了一個月，等了半年，對方最後都沒有回請你，那麼你就會覺得自己好像挺吃虧的，真是一群忘恩負義的傢伙，你會感覺到越來越後悔，覺得不甘心，內心很痛苦。

很顯然，這就是你對外在的期待過高了。只要期待過高，那麼期待沒有被滿足的時候，痛苦的負面情緒就會產生。

再比如創業。很多人去創業，為什麼最後很痛苦，陷入一種負面情緒中出不來呢？很多時候也是因為期待過高，他們剛開始就想著賺大錢，想著今朝放手去幹，來日一定能功成名就，大獲成功。可是當他們實際去做的時候，會發現很難，自己辛苦奮鬥了兩三年，結果一事無成，還耗盡了所有心血，這時候，他們就會產生一種很強烈的挫敗感。

挫敗感來自期待過高，進而轉化成痛苦，對他產生長久折磨。如果他一開始沒有那麼高的期待，僅把創業當成一種體驗，只要在這個過程中盡力就好，其他都交給命運，不過分執著於結果的好壞，對結局沒有那麼期待，那他就不會那麼痛苦了。不管結局如何，他都會獲得很大成長。

三國裡的劉備逢戰必敗，但是他從未因此介懷過，一直保持好的心態。在別人眼裡，他是越戰越敗，而他卻認為自己是越敗越戰。他從一開始就明白，勝負無常，因此對勝負沒有抱特別高的期待。

說到親密關係，很多夫妻感情越吵越淡的原因是其中一方對另一方期待過高。比如到情人節、結婚紀念日時，妻子期待著丈夫能夠記住節日，送自己禮物，可是丈夫可能剛好因為工作忙把這件事給忘記了。結果妻子的期待落空了，很不舒服、很痛苦，進而覺得丈夫不愛自己，便通過其他事跟丈夫鬧情緒、發脾氣。最終的結果就是，兩個人隔閡越來越深，感情越來越疏遠。所以一旦你對外在的期待過高，當這個期待沒有被滿足時，痛苦就產生了。

我們應該明白，人生中的很多痛苦其實都是自找的。如果我們能降低自己的期待，那麼事情落空的機率就會減少很多。當事情的進展超過預期，人生反而平添一些驚喜。這，就是幸福的祕訣。

我年輕時讀辛棄疾的〈賀新郎〉，讀到「看試手，補天裂」，心中熱血沸騰，覺得自己也要做一番大事業。可是現實殘酷，總是無盡失意。直到後來才明白，人生本就有太多不可掌控之事。在自己不可為的事情上盲目懷有高期待，只會傷人傷己。**放下高期待，不是隨波逐流，而是把能做的做好，把無法掌控的放下，這才是大智慧。**

痛苦產生的原因二：讓別人對自己期待過高

產生痛苦的第二個原因，就是讓別人對自己期待過高。我有個學員特別善良，脾氣也很好，不管是朋友還是親戚找他幫忙做事，他都不好意思拒絕。他認為自己用空閒時間幫幫忙沒關係，但煩人的是，大家慢慢形成了習慣，一有什麼問題，不管他有沒有時間都去找他幫忙，他自己又不會拒絕。長此以往，他就特別痛苦，不知道該怎麼辦。

為什麼他會陷入這樣一種痛苦中呢？原因就是他讓別人對自己抱有過高的期待了。在別人的眼裡，他就是個「老好人」，因此都對他形成了「只要有事就找他，他肯定能幫忙」的印象。

一旦大家來找他幫忙，可是他最後沒有幫，那大家的內心就會產生一個落差。因為大家都是抱著高期待來的，結果卻被拒絕，於是會覺得這個人並不好說話，對他原有的印象也會反轉，覺得他並不樂於助人。這，就是人性。

當一個人擁有了固化的良好評價後，並不願意被推翻，於是他會硬著頭皮繼續幫忙，哪怕犧牲自己的時間，委屈自己。長期處於這種狀態下，他怎能不痛苦呢？

我跟身邊人相處時，經常會跟他們說：「我這個人脾氣不好，易動怒、愛發脾氣。如果你說了一些不是很好聽的話，到時候我發脾氣，可能會沒法收場，所以，如有冒犯請擔待。」

事實上，我的脾氣並沒有自己說的那樣差，我之所以這麼說，是為了不讓大家對我抱太高期待。即便我脾氣再好，也會偶爾發脾氣，那麼一開始就讓別人對我的脾氣有個心理預期，萬一我真的發了脾氣，他們也更容易接受。因為我不想讓他人期待我是一個脾氣很好的人，那樣會讓自己活得很辛苦。

在人際交往中，我們在社交初始最好不要讓別人對自己有太高的期待。即使是施恩，也要自薄而厚。如果一開始對對方特別好，當對方習慣了你的付出，並對你形成高期待後，那麼你在日後哪怕有一點做得不合適，對方就會產生落差，進而心生埋怨。

在待人接物中同樣如此。比如請人吃飯，為了顯得隆重，第一次花五千元，那麼第二次如果降低標準，對方可能就會產生落差，覺得你不夠重視。如果這兩次請客正是請人辦事前後，那會讓人心理上十分不舒服。所以即便第一次請客是為了求人，第二次請客是為了答謝，那麼也應該前輕後重，滿足對方內心的期待。

我們要懂得把握期待與被期待的度，既不要對外在產生過高期待，也不要讓別人對自己產生過高期待。這麼看來，我們大多數的痛苦，都不是源於別人，而是源於我們自己。如果我們能夠在這兩個維度上把握好分寸，或許生活中也就沒有那麼多煩惱了。

第二章

驚人的社會定律：弱者抱怨，強者不言

#世界上大多數的失敗，都在於弱者思維

我收到很多粉絲的私信，被問及最多的話題就是如何變強，如何成功。很多人不明白為什麼自己明明已經很努力了，可是生活還是糟糕透頂。

其實在我看來，這個世界上的人可以分為兩種：一種是強者，一種是弱者。強者與弱者的區別，不在於擁有資源的多少、生活環境的優劣，核心在於思維的差別。強者之所以強，在於他們擁有的思維使他們能夠看到更多的選擇，做出更正確的決策，擁有看待問題的高階視角……通俗來說，強者思維可以在強者做決策時真正發揮作用，並進而導致更明

智的行為。

面對一件事，不同的人會做出不同的選擇，採取不同的應對模式，這是因為人與人的思維不同。每個人都會根據自己的思維水準做出自以為最有利的決定。但是，這個決定並不一定是最正確的。很多人做了某個決策後，過了一段時間會很後悔，這源自他的思維境界提高了，現在用更高階的思維來回顧之前做的決策，就會覺得並不明智。

根據小說《遙遠的救世主》改編的電視劇《天道》中有一個觀點：「一個人的文化屬性決定了他的一生。」這個觀點反映出一個事實：我們常常自以為是依照理性來做決策，但其實是受慣性思維支配的。我們每個人都被自己的慣性思維操控著。

強者思維所具備的三個維度

1. 獨立，能直面自己的人生課題

從思維層面來說，一個人的生日其實不僅是他誕生的那一天，還是他能夠獨立做出選擇，並且為此承擔責任的那一天。當一個人能夠直面自己的人生課題的時候，才算擁有了獨立性，這是一個人真正意義上的誕生。

所以，一個強者首先就是一個具備獨立性的人，他們不再盲目地活在別人的期待裡，不再盲目地成為其他人的依附，而是收回了自己的人生主動權，開始有了自己的追求，並

能為自己的追求竭盡全力，不在意其他人的眼光。

2. 能接受並客觀對待社會現實，敢於直面人性

不管這個社會如何發展，只要資源是有限的，那麼競爭就不可避免。在很長一段時間內，誰更強大，誰就擁有更多的優待；誰沒有價值，誰就容易活成周圍人的負擔，被無視，這是殘酷的客觀事實。

所以說，具有強者思維的人，往往會推崇道德文明，但不會被世俗的眼光所約束，他們努力把自己變成一頭「狼」。因為他們很清楚，如果自己活成了「羊」，那身邊的親人、朋友、愛人就可能會變成「狼」。

3. 沒有很高的道德期望

什麼叫道德期望？簡單舉個例子，你今天幫了一個人，你渴望著將來有一天自己遇到困難了，對方也能夠幫你；一個人現在跟你感情很好，你確信以後他也不會背叛你……這些都是道德期望。

簡單來說，道德期望就是個人從道德輿論的層次主觀幻想對方會做出怎樣的行為。這顯然並不可靠，因為道德輿論不過是一種隱性制約，並沒有很大的制約力，所以這種期望落空的可能性非常大。如果你把希望寄託於此，就相當於失去了主動性。顯然，強者絕不會如此。

以感恩為例，弱者看到的是一種道德期望，但強者看到的則是感恩的本質，是一種「隱藏的利益交換」。弱者覺得，幫助和回報是雙方達成的一種心靈約定。但事實上，當雙方隨著自身發展，身分不再匹配時，一方在另一方心中的重要性或許就會發生變化，此時被回報的機率就會改變。

強者能夠更加從人性的層面來看待感恩的本質。他們會從道德層面教育自己要做一個懂得感恩的人，要知恩圖報；同時又從人性角度約束雙方的行為，比如一旦牽涉利益或交易，就明確簽訂合約，對彼此未來的行為進行法律上的約束。

以行為期待為例，期待對方能夠盡職盡責完成某件事也是一種道德期望。弱者覺得盡職盡責的本質，是期望雙方在共同合作中，自主地把所有事情完成好。但這種道德期望，往往也不符合人性追求個體利益最大化的本質，因為人性都希望自己幹最少的活，得到最大的回報。而強者往往一邊用道德教育對方要盡職盡責，一邊又從人性角度拿白紙黑字制定管理制度，怠忽職守者就要被重重懲罰。

強者思維的核心是聚焦自己的價值，不過分被道德所束縛，充分發揮自己的能動性，沒有太高的道德期望；弱者思維更多體現的是一種依賴心理，弱者傾向於把一切自身行為結果合理化成外界的原因，從來不從自身去找原因。

這就好比古代的民間文化，所謂「皇天在上」，寄希望於有拯救自己的救世主，說白了就是等著天上掉餡餅，等著神明出現保佑他們。這種文化的死結就在一個「靠」字上面，在家靠父母，出門靠朋友……總之靠什麼都行，但是他們從來沒有搞明白，靠得住的永遠只有自己。如果一個人在精神上總是「跪」著的，那麼他永遠成不了強者。

強者通過攪局，駕馭人心

成年人要懂得，凡事莫要看表面，越是平靜的湖水下面，越是波濤洶湧。弱者在波濤中進退兩難，強者則在其中攪動風雲。我們先來看一個我師父講的故事，他曾經也是個風雲人物，靠著自己的本事成為集團二把手。如今他早已退休，然而對人性的洞察可謂深刻。他講的這個故事讓我初次領略到高手的心術。

故事的主角，我們暫且稱他為李老闆，他白手起家創辦公司，奮鬥幾十年後終於把公司做到了不小的規模，後來年紀大了打算退休，讓兒子接班。可是李老闆心知肚明，此時的公司骨幹不是元老就是股東，即便提出讓兒子接替自己的位置，恐怕眾人也不會服兒子。於是他便暗暗布局，半年內接連幹了兩件大事：一是稀釋股份，減少股東份額；二是調整人事，收回元老實權。

結果可想而知，股東利益受損，元老威嚴掃地，公司上下怨聲載道，充斥著對李老闆的不滿。兒子一看馬上著急了：「老爸，您在幹什麼啊，您不是為我鋪路嗎？現在公司亂成一團，到時候我豈不是更難收拾了。」聽了兒子的話，李老闆不為所動，依然氣定神閑地說：「你小子的馭人之道還欠不少火候啊，你先別急，聽我的就行，到時候自然就知道了！」

就這樣，李老闆不僅不解決公司困頓的局面，緊接著又宣布了一個令所有人震驚的決定：提拔人事部的老楊為副總。他還當著公司所有人的面，表揚了老楊在人事方面的卓越貢獻。這下公司更亂了，但是李老闆背地裡卻暗自高興，他把兒子叫到身邊，交代了兩句話後，兒子才恍然醒悟。到了父子正式交接那天，只見李老闆的兒子先宣布了三件大事：一、免去老楊的副總職務；二、五名元老官復原職，股權上調一％；三、培養青年才俊，六名年輕骨幹被提拔至中層。一時間，公司裡到處傳揚著這樣的聲音：「小李比老李還仁義，缺德事都是老楊幹的，估計以後福利會更好……」

就這樣，公司動亂的局面戛然而止，李老闆安心地退休了，小李也一下子收服了人心，坐穩了位置。至於那群元老，個個更是開心得跟孩子一樣……這裡還有一個悲劇角色老楊，我們稍後再說。

讀到這裡，你有沒有看出裡面的玄機？所有高明的老闆或者上司能夠坐到他們那個位置，都不是簡單地靠運氣，而是深諳人性的祕密。李老闆為何無緣無故稀釋股份，收回元老實權？這一切在普通人看來似是無關之舉，但高手都知道這是在巧妙布局。我們在讀歷史典故或看宮鬥劇時常會發現，每當皇帝年紀大了要傳位時，經常會做這樣的動作：先找一些莫須有的罪名，將一些有聲望、有能力的股肱之臣貶職外調，然後等新帝登基後再第一時間把他們召回來，委以重任。李老闆的馭人術也是一樣的，他這樣做是基於兩點考慮。

第一是幫兒子「拔刺」。臣強主弱的局面難以掌控，所以必須壓一壓那些居功自傲的人，但這活兒得罪人，自然不能讓兒子做；第二是幫兒子鋪路。李老闆先下手收回元老的實權，惹得大家怨聲載道，等兒子接手公司後又歸還他們的股權，這些人就會更加效忠於兒子，一舉幫兒子收服了人心。

接下來說說悲劇人物老楊。公司動亂的時候，他莫名其妙被提升為副總，恐怕內心已樂開花了，可是李老闆的兒子上任後先拿他「開了刀」。很多人表示看不懂這波操作，其實還是因為對人性的認知不夠深。李老闆稀釋股份，收回元老實權，雖然讓眾人怨聲載道，但是還沒有讓不滿的情緒達到制高點。所以，這時候還需要添一把火，等火燒旺了再讓兒子來滅火，成為眾人的英雄。毫無疑問，老楊就成了鬥爭下的犧牲品。

縱觀歷史典故，或者眾多導演的手筆，我們就可以發現一點：想要成就一個英雄，首先得先打造一個壞人出來，把所有錯都歸於他，再讓主角把他幹掉，於是英雄就誕生了。正所謂，沒有罪惡，怎麼打擊罪惡，怎麼成為與罪惡鬥爭的英雄？可能有人就會說：「公司這麼黑暗，我不要在這裡做了，我要辭職……」其實，這就是我常常說的思維差異：強者面對問題，解決問題；弱者則是選擇逃避，渴望通過改變外在環境來解決問題。可這樣做能解決問題嗎？

菩薩心腸，金剛手段，是強者的共同特徵。一個人如果一心只想著用一顆慈悲心去感化世人，多數時候是難以持之以恆的。而且這種無條件的善，很大可能會成為滋養惡的溫床。強者的強大之處就在於，他們既能看到一個人的能力，又能審度他的本性，用道德來激發個體人性中天使的一面，並用制度來威懾個體人性中惡魔的一面。

思想引領行動，當你的認知改變了，很多時候你對一件事情的處理方式就發生了改變，你所擁有的選擇也會增多。所以，無論何時都不要放棄持續不斷地提升自己的思維，升級自己的大腦。只有這樣，你才能夠在人生的道路上越走越寬，越走越順。

#贏家想辦法，輸家找理由

你有沒有經常在電影或電視劇中看到這樣的反轉情節：主角中了圈套，被壞人擄走，眼看著壞人持槍頂在了主角的腦袋上，情況危急，主角命懸一線。這時候壞人卻突然放慢了動作，講起故事來，他說道：「嘿，你知不知道，你小子是怎麼落到這種地步的？來，讓我解釋給你聽，我為什麼要設局殺你……」最終因為這段拖延的時光，好人成功翻盤，壞人則因為囉唆被反殺。

只要你稍加回憶，應該都會想到幾個這樣的場景。那麼你有沒有想過，明明已經穩操勝券了，壞人為什麼還要跟主角解釋那麼多？難道真的要他死得安心點嗎？

影視劇這麼處理的目的，是為了向觀眾交代清楚劇情的來龍去脈。但是如果我們從人性角度來思考，會發現另有玄機……

在私訊我的學員中，有位男士告訴我，他有一個女友，兩人交往四年，可是因為工作原因，女友到外地工作半年後，漸漸對他很冷漠，最後提出分手。他問對方分手理由，對方只說覺得彼此不適合，沒有了戀愛的感覺。他很傷心，心有不甘，找我諮詢有什麼辦法可以測試出女方分手的真正理由。

我：「你為什麼想知道她內心的真正理由？」

他：「我猜測她可能喜歡上了別的男人。」

我：「知道了又怎樣？」

他：「最起碼我要知道是不是有另一個男人。」

我：「是又怎樣？不是又怎樣？即便她喜歡上了一個女人，又能怎樣？她想要跟你分手的事實是改變不了的。」

他聽後沉默了許久，繼續糾纏著想要弄清楚女方分手的真正想法。我無奈苦笑。

事實上，世界上這樣的人很多，在遇到事情時總嚷嚷著追究那些毫無意義的東西。正如上述案例，既然女友想要分手，那麼她無論是因為什麼，分手這個事實是需要學員去接受和面對的。至於深究具體原因，只不過是浪費時間。

真正的贏家永遠聚焦於解決問題，以效果為導向；而輸家則聚焦於探討沒意義的過程，以求心安。

好奇心驅使假性應對

人類天性中的好奇心驅使人們渴望「知道」。面對一件事情，相比於結果，未知的過程更容易牽動人的好奇心。這是人性，也是弊病。我們來看一個場景。

在職場裡，你是否經常看到這樣的情況，A同事上班遲到了，然後經理看到後，就追問：「你為什麼遲到？」A同事腦袋一轉說道：「因為今天塞車。」經理說：「那為什麼不早點出來？」

如果你留心，會發現這樣的情況總是發生。長官總是會不停地追問員工遲到的原因，渴望得到一個合理的解釋。當員工真的給出一個看似合理的回答後，他們就覺得「好了，事情解決了」，這件事過去了。然而，事情真的解決了嗎？

顯然並沒有，這就是我經常說的「假性應對」——面對一件事，你覺得自己付出心力去關注了，應對了，看似問題解決了，但事實上自己的關注點偏了。

記得我讀高二的時候，父親突然因病去世，因為太突然了，所以我一下子接受不了，精神狀況也出了問題，焦慮、抑鬱，學業也無法繼續。當時把我身邊的人，特別是我媽嚇了一跳，她帶我去找人算命。算命者分析了我的種種，並給出了一些建議。我媽聽後特別心安。

可是回去後，我的症狀並沒有得到好轉，直到後來我通過讀書、遊歷等各種方法才慢慢調整好自己的精神狀態。因為這一經歷，我開始思考，很多人覺得自己的人生多災多難，所以就去燒香、拜佛、算命，堅信自己這一生如此多災多難是因為前世種了太多苦果，以此獲得心安，其實最多只換來自己的心理安慰。因為即便知曉了今世的果是前世的因造成的，如果想要改變現狀，還是要去面對這些問題。每個人的人生課題，終究還是要自己去解決。我們與其花時間在弄清楚自己為什麼這樣，倒不如花些心思去思考如何走出不理想的現狀。

如果方向不對，多少努力都是白費的。很多人在生活裡感到不如意、不幸福，就試圖找尋自己在原生家庭受到的創傷。對此，我其實一直有屬於自己的認知。如果瞭解自己的童年創傷，是為了看清今日的行為模式，進而調整應對，解決問題，當然很有必要。但如果僅僅是為自己的現狀尋找一個歸因，證明自己今天的不幸是原生家庭造成的，那不僅毫無意義，還會阻礙自己的成長。

所以，贏家和輸家的本質區別之一，就是關注點不同。贏家永遠聚焦的是效果，腦子裡想的是解決問題；輸家則喜歡尋求更多合理化的解釋，他們要的是答案，答案能讓他們的內心獲得一時的「慰藉」，可惜解決不了任何問題。

刨根問底的背後是為了掩飾自己的無能

很多人熱衷於刨根問底，但事實上，刨根問底尋求解釋，只不過是求心安，無法承認和面對自己無能的一種表現。

很多情況下，人們刨根問底去瞭解事情發展的緣由，是受內心的無力感所驅使的。當瞭解到事情的發展並不是自我造成的，而是外在其他原因所導致，一個人就可以捍衛自己的尊嚴。說白了，就是不至於在自我無能和事情發展之間建立因果關係。

比如被分手的這位學員，他拚了命地尋找女友和自己分手的原因，表面上看似因為無法面對女友跟自己分手的事實，更深層次的原因是無法接受自己被拋棄的事實。等他真的發現「原來女友跟我分手，不是因為我無能，而是她心中早就有了別人」，這個時候，他就心安了，因為被分手，不是自己的原因，而是對方的錯。

所以，人們喜愛尋求解釋，本質上是企圖找到一個客觀的說辭或者證據，以證明這一切跟自己無關，這不是自己的錯，以此獲得心安。

輸家，沒有勇氣面對自我的過錯，他們不允許也不接受自己犯錯，只要一有錯誤，他們就想要把原因導向外在環境。而贏家遇到問題時向來都是先從自身出發，他們不寄希望於環境，也不寄希望於他人，只寄希望於自己，他們清楚自己是可控的。理由只是輸家的藉口，贏家從不怕面對問題，**因為每一個問題背後都有著隱藏的資源，這都讓贏家變得更強。**

贏家注重效果，輸家推卸責任

這個世界是不確定的、充滿未知的，但可悲的是，很多人都有著強烈的操控欲。他們想操控未知的世界和未來，企圖把不確定的事情確定化。

面對不確定的未來，我們必然遭遇失敗。在面對失敗時，人類常常會劃分為兩類，一類人在失敗面前會認識到自己的渺小，意識到渺小的自己想要掌控不確定的世界，本身就是一種妄念，因此放下自己的掌控欲，允許自己失敗，學會無為而為；另一類人則接受不了自己的失敗，為了獲得邏輯的自洽（編按：經推演後證明自己的邏輯是正確的），於是尋求解釋，給自己的失敗找到看似自圓其說的理由。當他們意識到自己無法操控外在世界時，便選擇操控自己內心的感受——給自己一個合理的解釋，好讓自己能夠接受現實。所以，輸家在長時間內都沒有辦法「解決」問題時，就會想辦法來「解釋」問題。

贏家注重效果，輸家推卸責任。等你能夠客觀地對待人生中的問題，並學會改變自身，而不是把一切歸咎於外在因素的時候，才是人生真正蘇醒的時候。

#總是嘴上很想要，思想很懶惰

「寒門再難出貴子」、「普通人翻身太難」這種說辭，你是否也不止一次聽到過？你或許對此並不認可，但是讓人難受的是，身邊的事情好像都在一步步驗證這件事。那到底是什麼導致了普通人翻身這麼難？

其實提到這個話題，我特別推薦大家去看英國ＩＴＶ出品的一系列寫實紀錄片《人生七年》（*Up Series*）。這部紀錄片選中了十四位代表了當時英國不同社會經濟背景階層的七歲兒童，對他們的生活進行記錄。最終的結果是，十四個孩子的大半生幾乎都帶著其固有的階層屬性：富人家的孩子基本還是成了富人，窮人的孩子最終還是成了窮人。其中有幾個人物，讓我印象特別深。

中產家庭的尼爾，七歲時滔滔不絕地講著自己的理想。十四時，因為沒有進入夢想的牛津大學，就輟學做了建築工人。二十八歲還在英國四處流浪，居無定所，一直獨身。五十六歲成為議員，卻依然一貧如洗，後來迷戀上了寫作，也沒有人願意讀他的作品。

東區的女孩琳，七歲時靈動優雅，卻在十九歲早早結婚，二十一歲時做了圖書管理員，或許被婚姻生活蹂躪，三十五歲時就蒼老許多，疾病纏身，五十八歲因病去世。

生活在底層家庭的托尼，根本不明白教育的重要性，十四歲就輟學，成為一名騎師，後來又迷上了賭博，夢想著開計程車、開店做生意，可是幾乎所有的夢想，都以失敗告終。

看完這個紀錄片，我感觸很大，貧窮很多時候真的像一個難以擺脫的魔咒，讓很多人難以翻身。不過，我們也不必倒吸一口涼氣，因為這個魔咒並不是真的無解。在《人生七年》裡，也有一個例外，十四歲之前結巴、害羞的鄉村少年尼古拉斯，通過學習成為教授，最終跨越了階層。

所以想要擺脫貧窮，也並非不可能。結合我這幾年的感悟，我覺得想要逆襲，有四個覺知很重要。

打破見識層面的不公平

人與人之間最大的不公平，不是資源配置的不公平，而是見識層面的不公平。一個人接觸面多，見識廣，思維更通透，那麼必然能看到更多的機會，在做決策的時候正確的機率也會更大。對於家境殷實的孩子來說，他們通過家庭環境的耳濡目染，通過從小接觸的種種資源，一開始就已經處於優勢。他們知道地位上升的途徑，這些認知和隨處可得的資訊，是他們成功最大的資本。所以他們大機率不會輟學，大機率會對鋼琴而不是打架感興趣。

而家境貧困的孩子很難意識到教育可以改變命運，也很難掌握某種正確的上升管道，因為自身的先天背景決定了認知的侷限和資源的遙不可及。所以一些偏遠山區有著偏高的輟學率，就成了客觀事實。

雖然隨著網路社會的到來，資訊和交流越來越透明化，人與人的距離看似拉近了，但本質上依然是一種不公平的交流。普通人只看到富人展示出的結果，卻很難清楚知道他們是如何做到的。所以在看到他人的成功後，很多人表現得更加焦慮，更加急於求成。

總的來說，真正讓寒門子弟難以擺脫出身束縛的，是見識。大多數人不是沒有機會，而是認知不足導致他們看不到機會，只能從事簡單的工作，賺微薄的錢。

不過這也並非就代表著，我們沒有出頭之日。佛洛伊德說，我們之所以不是響尾蛇，有兩個原因：第一，我們的父母不是響尾蛇；第二，我們不住在沙漠中央。我們的父母不是響尾蛇，說的是遺傳；我們不住在沙漠中央，說的是環境。

遺傳不可改變，但環境是可以人為改變的。我們身邊的人、事、物在很大程度上決定了我們的一切，環境塑造人，人也可以改變環境，以此來提升自己的認知。

現在很多年輕人要麼奔向江浙滬，要麼漂往北上廣，就是因為在這些大城市和經濟發達地區能開眼界、長見識，也能得到更多的機會。我們平時講的混圈子，其實都是為了獲取更多的資訊資源，打開受限的視野，發現更多的機會。這都是為打破原有階級做鋪墊。

打破及時享樂、趨易避難的天性

在原始社會，我們的祖先生產資源匱乏，生活方式單一，每時每刻都面臨著各種危險，可能今天還活著，明天就沒命了。他們永遠不知道明天和死亡哪個先來，因此及時享樂的天性是有生存價值的。

及時享樂的天性造就懶惰，所以祖先們對於一些比較複雜或者耗能的行為，都不會去做，比如鍛煉、思考……因為一旦在這些事上耗費太多能量，在面對突發情況時，就有可能能量不足，無法應對危機，這對大腦來說是非常危險的。長此以往，我們人類就形成了趨易避難的天性。

這些天性在原始時代有利於祖先的生存，但是放在今天的社會背景下看，太享受短期滿足，只待在舒適區內，缺乏冒險精神和長遠格局，會讓我們難以成事，大大降低翻身的可能性。因為現在大部分人面臨的不再是生存的問題，而是如何生存得更好的問題。如果這時我們再盲目順從原始背景下的一些人性，被它所支配，就會滋生一系列問題。

所以，能不能打破天性，在很大程度上決定了你能否翻身。但是，對於很多人來說，他們往往被這些天性支配得更嚴重。這和許多電視劇表演的片段不同，劇中的男主角往往會大喊著：「我已經這麼窮了，什麼都沒有了，所以我不怕放手一搏，因為一開始就什麼都沒有，就算輸了，也不過是回歸老樣子。」

這話聽起來讓人熱血沸騰，感覺很有道理，但是現實往往並非如此。現實是：一個人越窮，反而越不勇敢，越是害怕失敗、害怕不穩定、害怕重新開始。他往往更追求短期滿足、即時滿足。

普通人往往通過努力工作換取更高的收入，他們能在流水線的崗位上連續工作十幾個小時，卻很少抽出一點時間去投資大腦的覺悟。即便投資了，一時看不到效果，就很快放棄了。因為學習這件事帶來的好處，太不直觀了，變現的機率太小，即便能變現，或許也要等待很長時間，哪有「搬磚」變現快？

正是源自及時享樂的天性，很多人即便有點錢，也容易變得貪婪、享受，絲毫不做全面思考。因為過慣了苦日子，他們就越想讓自己看起來像有錢人，專注於外在，開始花錢買吃的、穿的、房子、車子，進一步追求奢侈品，別人有的，他們都渴望有。這樣反而陷入了惡性循環，他們更加努力工作，更加離不開工作，更加沒時間學習，然後不斷地超前消費、償還負債。那麼，他們什麼時候能翻身呢？

這個邏輯更像是，一個人一開始沒什麼資源和錢，每天吃泡麵應付一日三餐，後來好不容易靠著一份工作賺錢了，但因為及時享樂的天性，他會不自覺去過幻想中的有錢人的生活，開始過錦衣玉食的日子，可很快錢就花光了，甚至透支了。為了堵這個窟窿，他需要更加努力地跳進帶不來任何能力積累的工作中，最終成了生活的奴隸。

正如在《把收入轉化為財富》（*The Next Millionaire Next Door*）中湯瑪斯・史丹利（Thomas Stanley）博士說的：「傳說中會花錢的人才會賺錢，很多人可能有誤解。一般情況下，創造財富的能力和消費的能力是兩種能力，一天花一萬元很容易，一天賺一萬元卻不容易，而且會花錢可能是指會花錢購買具有長期價值和收益的資產，而不是在吃喝玩樂中購買昂貴的消耗品。」

那些資產超過兩百萬美元的富翁，只將一・三%的財富投資在有形的藝術品上。而許多普通人卻總是雄心勃勃，他們想仿效那些經濟成功人士。殊不知，行銷人員花費數十億美元，使人們相信大多數富有的人擁有大量的高檔藝術品。這個傳說貫穿了我們整個經濟發展歷程。他們將藝術品視為向其他人展示富有的一種方式，然而，他們的收入水準只略高於平均線。

能夠跳出窮人階層的高手與這些人有什麼不同？他們賺到了一些錢後，沒有第一時間享受、貪婪，而是依然選擇節省的生活方式，把錢投入到提升自己的認知和能力上，更通俗來說，是培養自己賺錢的能力。他們把當下可以享受一把的錢拿去培養賺錢的能力，當下看是吃虧了，但長遠來看是真正的享受。

所以，這就是一個選擇問題。人們很多時候難以翻身，是因為始終抱著做一天工作、領一天報酬的想法。可這無疑只會「爽一時」，從整體來看並不划算，因為他們一次次錯過了打破階層的機會。

歷史上每一個新事物的出現會將人們分成兩類：接納新事物的進步者、不接納新事物的落伍者。過去形成的一系列天性，自然有其歷史意義，但是對於當下時代是否真正有用，並不一定。只有保持終身學習，才能避免成為歷史的炮灰。為了長遠利益，只有犧牲短期享受，才能真正擺脫貧窮。

打破盲從

你有沒有經常聽到這樣的說辭：

「讀書才有出路，不好好學習，你一輩子沒出息……」

「別瞎折騰了，比你聰明的人多了，人家為什麼不去創業？還是考個公務員，比較穩定……」

「別嘗試了，你忘了上次的下場了嗎？還不長記性……」

「別人就是這麼做的，成功了，你聽話照做就行了……」

很多人聽到類似的話，可能就放下主見，聽從他人的建議了。聽從他人的意見有時候並沒有錯，但是不加考量地盲從就不對了。盲從不僅幫不了你，反而會阻礙你做出正確決策，走向卓越。為什麼這麼說？因為他人過去的經驗對你的成長而言可能是「有毒」的。

首先，經驗本身就未必靠得住。不管是成功的經驗，還是失敗的經驗，它一定是絕對正確的嗎？很顯然，並不一定。比如人類一度以為地球是方的，事實上卻是圓的；比如幾乎每個人都聽過「一天要喝八杯水」的觀點，研究發現，人體一天的確需要八杯的水量，但是不需要喝八杯水，因為這個水量包含了食物裡的水分，以及咖啡、茶的水含量；比如都說汗是臭的，但事實上汗是沒有味道的。

其次，經驗是否正確、有效，受限於不同的環境。即便某個經驗在過去被驗證過是正確的，但在現今的社會背景下，經驗的適用性依然受到限制，借用這個經驗未必能夠得到以往的結果。所以盲從過去所謂的成功經驗，本身就具有很大風險。

再次，如果你的經驗來源於道聽塗說或者他人的分享，那經驗是否被所傳播之人驗證過，更是我們需要重點考究的。如果父母學歷較低，現在卻腰纏萬貫，他們告訴孩子知識改變命運，那孩子多半是不信的。所以我們在參考他人的經驗時，也要看一下身邊是否有人證實過。

我們需要打破的是「盲從」，而不是「從」。一個人的認知視野有限，所以做很多事時必然需要借鑑和聽取他人的意見。假如你想買一輛車，但是對車又一無所知，這個時候去聽取行家的建議必然是明智之舉。

可需要格外注意的是，很多人喜歡「從」，卻不擅長辨別資訊源。他們往往不會理性地探究資訊的真偽，不去質疑自己聽來的思想和觀點所發生的語境，也不思考這些到底是行家的見解，還是道聽塗說的、被曲解的軼事。我媽媽經常會跟我說：「人家說要……」我就會問她：「這個『人家』是誰？」她基本上無法回答。

每個人的人生都完全不同，一味用他人的邏輯演繹自己的人生，很容易出現「水土不服」。別人的那套邏輯，未必適合你。因此，你在接受各種資訊的時候，要加入自己的思考，探索出真正匹配自己的路，這樣才能在更大程度上幫助自己腳踏實地地解決當下的實際問題。否則，翻身只是一個夢，夢醒了，你還是你。

敢於突破約定俗成的規則

現實世界的很多規則都是強者制定的，強者在制定規則時，自然更多的是出於維護自己（強者）的權益。即使表面對弱者有好處，但最大的受益方毫無疑問一定是強者。

所以說，面對約定俗成的規則，我們需要經常去反思和質疑，而不是奉為真理，不敢越雷池一步，做事循規蹈矩，那樣是難以成大事的。這就如同你進入一個大公司，其各個組織架構都已經很完善，各種規則體系都很成熟，那麼你在這個公司生態下，即便能力再強，也很難成為佼佼者。因為這個場地的遊戲規則已經制定，利益既定方也早已確定。

在一定程度上，你有多大的選擇去改變規則，你就有多大的可能性去獲得突破，能真正成事。所以有時候，我們要學會「攪局」，就是打破原有局面，打破既定規則，建立新的規則，讓自己參與新規則的制定，這樣才能在利益分配上分一杯羹。在歷史上，這一點司空見慣。那麼，我們普通人要翻身，就要毫不猶豫地打破既定規則嗎？自然也不是，而是要有兩個意識。

第一，對規則要熟悉，不要盲目對抗、盲目挑戰。規則的建立肯定有它的合理性，沒有搞清楚規則的邏輯，就盲目質疑、挑戰、對抗，這是不值得提倡的。盲目挑戰規則的風險特別大，可能你還沒開始打牌，就被踢出牌桌了。

第二，清楚規則的侷限和缺陷在哪裡。很多規則是有時效性和背景的，也就是說在某段時期、某種背景下，這個規則是可以的，但是一旦這兩個外在條件發生改變，那些所謂的規則可能就會成為限制。如果想要清楚規則的侷限和缺陷，你就要對於規則之外的、規則之上的知識有所瞭解。不然，你無知地對抗規則，只會讓自己成為笑話。

那麼，如果你想要從底層崛起，就要增加對新鮮事物的認知。你要去多觀察當下的時事，獲得更多的資訊資源。只有這樣，你才能發現更多的契機，順勢打破原有階層。

#不患寡而患不均：低調做人，收斂鋒芒

人類歷史的長河流淌了幾千年，很多東西都發生了變化，但唯一不變的是——人性。很多時候你只要把人性琢磨透徹了，無論是做事還是處理人情世故，都能事半功倍。

「不患寡而患不均」，是孔子非常經典的一句話，也是一個非常重要的人性弱點。我舉個例子：比如你和另外三個人一起去工作，工作完成之後，大家都拿到了三千元的報酬，錢雖然不多，但是大家也都能接受。但是如果其他三個人都拿到了八千元的報酬，只有你拿到了三千元，這就出問題了。你內心會非常難受，覺得自己被不公平對待了，心理很不平衡。

這就叫作不患寡而患不均。大家都少一點，那沒關係，但是任何人都不能接受自己比其他人更少。

別人不能比自己多，自己不能比別人少

白起那麼厲害的一個人，為什麼最終卻被自己的大王賜死了呢？這裡面就有這個邏輯存在。

雖然當時秦王讓白起去攻打趙國，還請了他兩次，白起都裝病沒有去，秦王仍然沒有殺他的心，只是把他從武安君貶為了普通士兵，讓他出城，因為畢竟白起為秦國立下了汗馬功勞。但是為什麼後來秦王又決定把白起殺了呢？是因為秦國的另一個大臣——范雎。

范雎向秦王進諫說，白起這個人能力非常強，一生沒有打過敗仗，可是這次因為受貶，他對大王心裡有一點怨恨，這是非常可怕的，萬一他被其他國高薪挖走了，那秦國就多了個強勁的對手。秦王一聽，就把白起給殺了。

為什麼同朝為官，范雎要對白起背後插刀呢？這裡面有兩個因素：第一個因素是當初長平之戰的時候，秦國攻打趙國，打了很久都攻不下來，所以范雎就用了一個計謀——四處造謠，說趙國如果想要勝利，就得派趙括為將軍。趙王聽了之後，就真的命趙括為將軍，換下了廉頗，去跟秦國的白起對戰。結果沒幾個回合，趙國就被打敗了，秦國大勝。范雎覺得長平之戰的勝利，有很大一部分功勞是屬於自己的，可是秦王在分封的時候賞賜最多的是白起，所以范雎心裡不舒服、不平衡。

第二個因素是當時范雎和白起同朝為官，還可以分庭抗禮，但是一旦白起攻打趙國再次取勝之後，那功勞就大得多了，范雎害怕以後在朝堂上再無自己的立足之地。

白起之所以被處死，是因為他沒把范雎當敵人，沒有想到對方會因為「不患寡而患不均」對自己心生芥蒂。

一個人能力再強、再優秀，如果缺少對人性的洞察，也很難說會活得多麼漂亮；反之，一個能力很強的人，如果對人性多一分洞見，那麼就更有可能活得漂亮，有所成就。這就是人間生存的一個基本邏輯。所以，人在世間，能力要強，這個當然重要，但是對人性的認識也要深刻。

你有沒有遇到過那種小時候關係特別好，但是後來因為你的事業越來越好，然後他就覺得你們之間的距離越來越遠，主動疏遠你的朋友？為什麼會出現這種情況？其實也是因為這個人性邏輯。

本來大家都過得差不多，都不算太富有，這沒有關係，彼此之間能夠相處得很好，因為大家是同一類人。但是有一天你發達了，你變優秀了，大家內心就不平衡了。所以我們會發現，很多小時候特別鐵的關係，隨著長大之後境遇的不同，彼此的關係也發生了非常微妙的變化。

在生活中，人性的弱點處處顯露無遺。我剛工作的時候，我媽只要聽說我加班，首先問的問題就是：「是不是只有你自己加班啊？」如果有其他同事一起加班，那我媽就很放心，心態也很平靜。但如果發現只有我一個人加班，她心裡就會犯嘀咕：「你是不是得罪老闆了？是不是跟同事關係沒處好？」我媽這個思維就是典型的「不患寡而患不均。」

克服弱點：智慧防範，友善利用

那麼瞭解了這種人性之後，我們要做的是什麼呢？有兩個維度：一個是防範，一個是利用。

有一部電視劇叫《燕雲台》，裡面有很多情節思維很經典。宰相蕭思溫的事業本來一帆風順，可後來他扶持新皇登基後不久，就被另外兩個大臣蓄意謀殺了。為什麼這兩個大臣要殺他呢？核心原因是當初新皇登基，這兩個大臣也出了很大的力，可是新皇登基後偏偏只倚重蕭思溫，只聽從他的建議，並賦予他很高的權力。這種行為導致另外兩個大臣的心理十分不平衡，他們覺得如果不把蕭思溫除掉，那自己就永無出頭之日了，所以他們就合夥設了局。

不患寡而患不均，這個人性弱點提醒我們，在為人處世上要學會藏鋒，能夠清醒。**低調做事，低調做人，做人不要太張揚，才是正確的生存之道。**即便你很有才能，即便你很有錢，該隱藏的時候就要隱藏，該退讓的時候就要退讓，不要成為眾矢之的。

那麼，既然知道這一人性弱點，在生活中，我們應該如何覺察並利用呢？這部電視劇裡也有說明。當時合謀殺害蕭思溫的兩個大臣，一個叫作高勳，一個叫作女里。蕭思溫死後，這兩個人就狼狽為奸，互相吹捧，想要同時搶到宰相之位和樞密院大使之位，搞得皇帝很頭疼。

這個時候，皇后蕭燕燕提出了一個計策：既然朝堂之事需要有人來處理，那就給予高勳這一權力，利用他的才能，讓他當宰相，賞賜他。但對女里不聞不問，什麼條件都不答應，什麼賞賜也不給。通過在這兩匹「狼」之間形成「不均」的待遇，最終使得二人心生嫌隙。

人性是不患寡而患不均的，蕭皇后正是用這種策略瓦解了兩個奸臣之間的同盟，讓他們自己產生矛盾，自相殘殺，可謂高明至極。

那麼在日常生活和工作中，我們又該如何利用和防範人性的這一弱點呢？你需要做的有兩點。

第一，不要為了追尋所謂的「優越感」，成為「不均」的存在，變成別人心中的刺，要學會低調做人，收斂鋒芒。有些人是不敢面對自己的無能的，而且對自己往往都有著偏高的評價。所以一旦你得到的比他們多了，過得比他們好了，他們的內心就會不平衡。這一心態，往往就會為你引來無妄之災。

所以不要被所謂的優越感掌控，真正的優越感從不來自炫耀，而是來自內心真正的強大，過分的炫耀只會招惹禍端。要時時審視自己的行為，低調做人，不要成為讓身邊人內心不平衡的存在。

第二，可以通過製造聯盟雙方的「不均」，讓其從內部自動潰散。很多時候，正面的對抗總是不能很好地解決問題，往往都是傷敵一千自損八百的結果。所以我們完全可以從敵人內部入手，通過製造「不均」，分而化之。

比如很多公司內部總是會形成一些小團隊、小圈子，進而出現一些抱團謀取私利、侵害公司發展，甚至架空上層的事情。那麼這個時候，上層就可以利用這個人性去解決。比如把更多的權利、利益分給團隊核心人物中的其中一個，那麼其他人看到這個情況會有很大機率心理不平衡，甚至會懷疑這個人是不是投靠別人了，是不是背棄自己了。隨著這些人彼此猜忌的加深，矛盾的加劇，這個團隊聯盟就會自行潰散。

看到這裡，有沒有對人性本身又多了一層認知？我們行走於世，對人性的認知是關鍵而必要的。不管是用以防身，避免掉進人性的陷阱，還是巧妙利用，更好地達到自己想要的結果，都需要瞭解人性。

我們只有把自己的認知提升上去，理解清楚人性的邏輯，才能更透徹地看待事情，面臨問題時也能夠有更多的選擇。

第三章

關係的本質，是價值的交換和博弈

#人生，不過是一場能量高低的較量

關於溝通問題，我們要儘早弄清楚一個真相：人在江湖，與人打交道，不過是在進行著一場場能量格局高低的遊戲。你的能量越高，就會相應地擁有越多的主動權，反之，則容易陷入被動。

曾經有一個朋友找到我，希望我去他的公司上班，為他的企業做策劃。因為我平常比較忙，沒有固定的時間上班，我便拒絕了。誰知朋友瞭解原因後，便說不用我每天上班，只需要在公司遇到棘手問題時幫他處理一下就可以，包括平時線上給他一些建議，做戰略指導……等等。

無奈，我便答應了。這家公司是做平臺經濟的，前期通過搞線上和線下裝修加盟，扶持代理商，最後通過代理商發展客戶，並吸納用戶到平臺上，以實現多方面盈利。公司在前期招收加盟商的過程中會遇到很多問題，畢竟現在宣傳招商加盟的企業太多，騙子也很多，很多創業者都不敢輕易試水。

這天，公司吸引了一批創業者前來考察，公司派解說員詳細講解了招商專案的商機。但客戶並沒有表現出多大的興趣，還沒等解說員講完，便直接發問：「現在招商項目這麼多，都說自己很有實力，你們怎麼證明這一點？為什麼我們要從那麼多項目中選擇你們？」

第一步，調動神經，積極共情

聽到這裡，我大腦的十萬根神經立刻敏感起來。我其實已經意識到，對方開始設陷阱了，一旦順著他們的話題來證明，將完全陷入被動狀態，但其他同事並沒有意識到。果然，公司解說員聽到客戶這麼說，像對待之前不知道多少個這樣發問的客戶一樣，開始悉數公司的各種優勢。我見狀趕緊示意他停下來，然後轉過身共情客戶：「我很理解，現在招商類的項目確實很多，作為創業者，挑選專案確實要慎重。」

第二步，價值觀挖掘，掌握主動權

接下來，我反問道：「不過我也想瞭解一下，對於在座的各位來說，如果要加盟一個項目，一般會考慮哪幾個方面？」客戶們一個個積極發言：首先是公司實力，不然加盟都沒有保障；其次是扶持政策，需要總部支援；最重要的是利潤……我聽完，直接裝作輕蔑地問道：「就這些嗎？」

第三步，先打壓再「勾魂」，繼續把握主動權

他們有點兒詫異地點了點頭，這時候，我馬上笑著說道：「各位說的這幾個方面確實很重要，但是如果大家最看重的是這幾點，那我覺得根本沒必要跑這麼遠來考察我們公司。只要不是空殼公司，各位的這些條件基本都能滿足。想要實現公司和加盟商的雙贏，還有兩個方面不容忽視。」說到這裡，我發現所有客戶都放大瞳孔，集體注視著我。其實我知道，當客戶們開始思考我的問題時，就已經掉進了我的「陷阱」。當然，我「勾到魂」，拿到主控權還不夠，「勾魂」後最重要的是圓場。

我繼續說道：「第一是品牌的宣傳爆破。品牌剛誕生的時候是沒有競爭力的，消費者不瞭解，不信任，自然不會買單，那麼你的生意就不會那麼好做。所以，我們會首先幫助加盟商進行線上線下的宣傳爆破活動，也就是造勢，目的是讓消費者迅速瞭解和信任這個品牌，最終實現消費的目的。這項教育市場的工作，我們會配合加盟商來一起做。

「第二是打造使用者裂變系統。很多商家都不重視這件事，但現在是用戶為王的時代，誰有用戶誰就是老大。那麼用戶從哪裡來呢？最快的方式就是讓使用者自己去裂變，而我們也為前一百名加盟商打造了這個裂變系統。」

第四步，提高能量格局，把控談判節奏

我在說這些的時候，他們頻頻向我點頭示意，並彼此小聲交流，身體也從背靠椅子變成前傾。我知道他們對我的興趣和信賴已經在加深。這時候我並沒有停下來，繼續順勢問：「除此之外，我還想瞭解各位如果最終選擇加盟我們這個項目，你們打算一年賺多少錢？」客戶紛紛發言：「一百萬、一百五十萬、兩百萬……」我聽完直搖頭，然後說道：「傳統的裝修弊端多、戰線長、汙染重，早就該改革了，這也是我們公司成立的原因之一。如果你們的目標僅僅停留在賺一兩百萬元，那我覺得你們還不如開個店，做點其他生意，即使辛苦點，一年也能賺到這些。」

他們聽完就沉默了，我可以很明顯感覺到他們的能量在逐漸變弱，便繼續說：「這個項目，大家只要用點心，跟著公司腳步走，不說多，一年起碼保守盈利一百七十萬元起跳，不過我還有一點點憂慮。」很明顯，我再次「勾了一下魂」，果然他們都問我憂慮什麼。我說道：「關於項目，你們基本都瞭解了，想必心裡也有自己的衡量，但是我們對你們的瞭解還不夠，我們做這個項目是為了成就一批真心創業的優秀人才，一起實現共贏。畢竟項目再好，也要人去落實，所以，我們招加盟商有三個條件，還要考察一下你們能不能達到？」

最終，我把條件拋出後，他們都在拚命證明自己是符合條件的，當然最後也成功簽了約。

在整個談判過程中，我一直在掌握主動權，當然事態的發展也按照我的節奏順利進行。這就是運用能量格局觀的一個經典案例。

宇宙萬物，能量恆通，大到自然變化，小到言語表情，其實都有能量的傳遞。我們經常說的氣場，其實也不過是能量高低的表現而已。能量高，氣場自然也會強。高手從來都是牢牢地占據著能量的高點，庸人則容易掉入操控者無形的陷阱。

人與人的溝通，都是能量的較量

「上天為什麼對我這麼不公，我付出了這麼多，她就看不見嗎？」飯桌上，同事小李一邊喝著酒，一邊哭得撕心裂肺，因為他追了兩年的小美和別人結婚了。小李雖然不是特別大方，但在追女孩這件事上從沒含糊過——三不五時就帶小美去高檔飯店吃飯，每天送一束鮮花，準時接小美下班，逢年過節更是少不了各種禮物。無論小美有什麼要求，小李總是能夠滿足她……可是，人終究還是沒有留住。

大家紛紛為小李打抱不平，只有我沒說話。其實，這樣的故事在生活中太多了。表面上看來，好像是小美太沒良心，實則是小李搞錯了價值關係，將自己置於能量低點。簡單地說，就是他一味付出、討好對方，期待以此感動對方，其實這些行為恰恰暴露了自己更需要對方，成為對方肆意挑選、可有可無的對象。

小王前天參加了一場劍拔弩張的面試，最終成功入職，他講述了整個面試過程：「一開始面試官一臉嚴肅，開口就問及我的特長、工作經歷、學歷等，特別是看到我最近幾年離職頻繁，更是想借此打壓我。我坐立不安，看到他如此針鋒相對，自覺大概是沒戲了。但我突然轉念一想：面試是一場雙方的對弈，他在考慮是否選擇我的同時，我也在考慮是否選擇他。所以等他問完問題後，我反問道：『我最近也面試了幾家公司，想選擇一份更適合我、更有發展前途的工作，我想瞭解一下貴公司的具體情況和未來發展規劃，可以簡單講下嗎？當然，不方便也沒關係。』沒想到，我這樣一問，面試官開始滔滔不絕講述自己的公司有多好。我全程不說話，只是禮貌地點頭，最後竟然莫名其妙地被錄取了。」

一開始，小王將面試官擺在了能量更高的導演位置，自己自然而然處於被審核、能量更低的演員位置。但是當小王反問面試官，且面試官開始自我證明的時候，就掉入了小王設的能量格局陷阱，能量局面就此逆轉了。

小麗在一家服裝店工作，她工作努力，對待客人熱情，但每個月的業績總是墊底。因為雖然她對客戶很熱情，但是每當客戶問及服裝的料子、款式及搭配的時候，她總是啞口無言，不知道如何回答，甚至都沒有客戶精通。客戶對她沒有信任感，甚至進店都直接找別的店員購買……

我還想到一個例子：當我們身體不舒服去醫院看病的時候，似乎從未想過去反駁醫生的診斷，而且也不會因為藥的價格太貴而討價還價。這就反映了一個很簡單的道理：越專業的人，能量點往往越高，越能占據主動地位。

這些案例，我們幾乎每天都能看到，但是當你不具備能量格局觀的時候，往往會掉入陷阱而不自知。當我們從能量的角度去看待萬事萬物時，就會知道人與人的溝通少不了能量高低的較量，要盡可能掌控更多的主動權。

能量格局觀的衡量標準

這就是我接下來要分享的能量格局觀框架。那麼，如何使自己在溝通中處於能量高點呢？影響能量高低的因素有三個：自信能力、供求關係、權威程度。

1. 自信能力

我曾問過很多銷售人員：「你覺得你的產品怎麼樣，對顧客到底有沒有幫助？」銷售員往往都說：「我的產品很好，相當不錯啊。」然後我繼續追問：「如果現在你是顧客，你會不會毫不猶豫地掏錢購買這個產品？是不是百分之百相信自己的產品是最好的？哪怕有不同的品牌產品一起銷售，你也會毫不猶豫地選擇這個產品嗎？」結果大多數人都說不一定，只有一小部分人表示會毫不猶豫購買自己的產品。

其實，在溝通過程中，你的一切資訊都會傳遞給對方。如果你不相信自己或者自己的產品，這些都會被對方捕捉到，那麼你的能量自然而然也就處於弱勢。

2. 供求關係

什麼是供求關係？簡單地說就是：你需要我，還是我需要你？就像案例一中，小李一直表現得太需要小美，一味地討好對方，導致自己付出得越多，越難以割捨，越覺得對方有價值。而對於小美來說，小李越討好自己，她越覺得小李無價值，可有可無。很明顯，誰被需要，誰的能量就更高。

3. 權威程度

當我們面臨的選擇越來越同質化，很多人會出現選擇困難症，那麼這個時候，信賴專家的傾向就會越演越烈。當你更專業的時候，你的能量自然更高。當然這裡需要解釋的是：所謂的專業、權威，並不是必須有證書等，只需要在對方看來，你足夠專業、權威即可。假如你不是某個領域的專家，只是領域「小白」，懂得能量格局觀的核心法則，也能讓你成為客戶心中的專家。

能量格局觀核心法則

結合上面的案例及影響能量高低的因素，其實不難得出一套「能量格局觀」的核心法則。

1. 我需要你，你的能量高，我的能量低。
2. 你懂得多，你的能量高，我的能量低。
3. 我順從你，你的能量高，我的能量低。
4. 我越證明自己，你的能量越高，我的能量越低。
5. 你越審視我，你的能量越高，我的能量越低。

瞭解「能量格局觀」這個概念後，你在生活中就可以以此為導向來選擇自己的行動。比如你在跟客戶溝通的時候，每說一句話之前，都要思考接下來你們的能量變化是怎樣的。如果是對自己不利的言語，那麼就馬上停止，不然你可能就會陷於被動中。

我有一個學員在販售保養品。以前在跟客戶打交道時，對方一說貴或者說別人家便宜，她馬上就和客戶解釋自己家的產品為什麼貴，為什麼好。結果越解釋，客戶越懷疑，而且言多必失，客戶挑錯的地方也就越多。自己費力不討好，業績也很差。用能量格局觀第四條來解釋就是：越證明自己，能量越弱。

成為我的學員後，她開始思考如何進行能量轉化。每當客戶再質疑她和她的產品時，她就會問客戶：「附近賣保養品的同行其實很多，競爭也很大，我們家的產品價格確實相對較高，那麼你有沒有想過，我們的生意憑什麼還可以這麼好？銷量為什麼能一直領先？」結果客戶一下子就蒙了，他們反而會想：「嗯，她說得有道理，周圍這麼多店，她家的價格還最貴，生意卻這麼好，一定是產品好、服務好，或者還有其他隱藏的優點。」客戶在主動思考、積極求證的同時，就已經把自己給說服了。

能量格局觀思維的三個層次

接下來，我再來分享一下學習能量格局觀思維的三個層面。

1. 認知層面

我們看影視劇的時候，經常會聽到這樣一句臺詞：「到時候，你連死都不知道自己是怎麼死的！」其實，不只是在影視劇中，我們生活中也有太多的人「連死都不知道怎麼死的」，為什麼呢？在很大程度上就是因為不具備能量格局觀思維。很多人講話的時候都是脫口而出，想說什麼就說什麼，結果對方設下了一個個陷阱，導致自己一步步陷入其中。他們根本就沒思考過溝通主動權這個概念，所以總是會被牽著鼻子走。

所以，學習能量格局觀思維的第一個層面是在認知層面先建立起能量的概念，能夠初步判斷出能量高低的變化。當別人想要把握溝通主動權時，你要能夠覺察出來：「他這樣問，其實是想將我置於被動位置。」

2.利用層面

當你的思維提升到第一個層面時，就能輕易識別別人的語言陷阱。不過這還不夠，除了要識別出來，我們還要學會利用能量

格局觀思維給別人設「語言陷阱」，搶奪溝通的主動權，不要做一個可憐的被動者。比如在談判時，你不要只懂得防禦，只是停留在識別對方招數這一步，還要學會發起主動攻擊，引導對方證明自己，營造他需要你的氛圍，一步步搶占主動權。

3.導向層面

我們在說話、做事之前都要先思考一下：說這句話、做這件事之後，自己的能量格局發生了怎樣的變化，是變高還是變低了。我們都知道一個人的行為很大程度上受思維的主導，具備了能量格局觀思維，可以讓我們更好地約束自己的言行舉止，在溝通中占據更多的主動性。

讀到這裡，很多人可能覺得能量格局觀思維離自己很遙遠，覺得學這些複雜的東西太累，人要活得簡單點。但是，想做一個簡單的人，其實沒那麼容易，因為人類社會本就很複雜，只有你具備了更高維度的思維，才能在生活中擁有更多的選擇。

#不敢談錢，是成年人最大的災難

很多時候，人的煩惱都是自找的。因為你不具備一雙可以洞察事物底層邏輯的「天眼」，所以總是被事物的表象所迷惑。當你能夠以更高的視角去看待事情的時候，往往一下子就能看到背後的真相，突破很多束縛。對於社交這件事，也完全一樣。

為什麼很多人處理不好社交問題呢？為什麼在跟別人相處的時候，總是有很多問題呢？社交能力不足反映出的是他們對社交這件事缺乏足夠的認知。想把一件事做好，卻又對這件事一無所知，結果必然不會如願。

任何的付出，都有回贈的期待

前段時間，我妻子從網上買了一張雙層床放在老家，快遞到了之後，因為包裹比較大，當時我又不在家，她自己沒辦法搬到家裡，就打電話給我的一個叔叔。叔叔借了別人的車幫忙把這張床運了回去。

事後，妻子跟我說起這件事。我先認同她的行為，「妳一個人在家帶著小孩，還把這件事給辦了，辛苦妳了。」然後我又跟她說以後這種事不用麻煩叔叔，也不用找其他親戚朋友，花點錢找搬家公司可能會更好一點。

為什麼我會這樣說呢？其實這是有深意的，你可以從下面這個故事再去感受一下。

林女士是一位單親媽媽，三年前老公因病去世了，留下了孤兒寡母。林女士一邊照顧兒子，一邊拚命工作，日子過得特別辛苦。公司另一位女同事聽說了林女士的情況，就說：「我也要接孩子，接一個也是接，接兩個也是接，這樣吧，我替妳把孩子給順道接了。」當時林女士想推託，但是這位同事特別熱情。林女士想到工作已經讓自己分身乏術，所以就半推半就地答應了。

從那以後，女同事在接孩子的時候就會順便把林女士的孩子也接了，林女士把更多的精力放在工作上。最終因為表現突出，她很快升了職，還被長官當眾表揚，發了獎金。她特別開心，也很感激這個女同事，於是送給她一個貴重的包，並表示以後還要繼續報答這位同事，她不能讓好心人心涼。

可是林女士沒想到的是，這個「報恩」的機會很快就來了。有一天，女同事拿著一些發票去找林女士，讓林女士利用職務之便給她報銷。林女士接過發票一看，發現都不符合公司報銷的標準，而且金額還不小。那一刻，林女士很糾結：如果幫她報銷，這是違反公司規定的；如果不給報銷，又怕同事不開心，說自己忘恩負義。

她回家後翻來覆去睡不著，不知道到底應該怎麼辦。最終她還是決定不報銷，如果被發現了，這種做法不僅會危害同事，也會牽連自己，最終大家都吃不了兜著走。第二天，林女士把自己的想法告訴同事，沒想到同事聽完之後瞬間發飆：「妳這人怎麼這樣呢？我又不是跟妳拿錢，是跟公司拿錢，妳這麼較真幹嗎？妳給我報了不就完了，妳怎麼這麼忘恩負義，我幫妳接孩子這麼久，白接了！」

林女士聽完之後非常不開心，也很痛苦。一方面，她認為這幾張發票真的不能報銷；另一方面，她又覺得自己並不是那種忘恩負義的小人，受冤枉了。

林女士為什麼解決不好這個問題？為什麼會產生這麼多委屈和煩惱？因為她對社交和人情這兩個概念缺乏認知。

社交的核心是什麼？是等價交換。古代人為什麼崇尚禮尚往來？原因也是等價交換。很多人在付出和給予時，即便不提回報，也會有被回贈的期待，於是他們在付出時只會表現出含蓄的期待，以此彰顯自己的高尚。在禮尚往來這件事上，沒有人不對回贈產生期待，除非他付出和給予的初衷就是為了公益、慈善，為了回報社會。

「等價交換」這一社交核心體現在生活的方方面面。比如你結婚時，朋友給你包了八千八的禮金，那麼等對方結婚的時候，你只包三千元，對方或許再也不跟你聯繫了，甚至和你絕交。這就是因為你們在關係交換上，出現了價值不對等。

人情，是要還的

人情，很多時候是人們用來模糊等價交換，以達到占便宜的目的的一個工具。為什麼這麼說呢？

人情的計量單位是「個」，這個單位很有意思，可大可小，可貴可便宜，沒有一個標準的價值衡量。它不像去超市買一包泡麵，我們可以直接看出它的價格，因為它是明碼標價的。但是人情沒有辦法直接衡量出價值。我幫你一個忙，你能界定我提供的幫助值多少錢嗎？所以它就成了人們用於價值交換的工具，他們會給你一份人情，然後通過這份人情，以小博大向你換取更大的利益。

案例中林女士的同事就是利用幫助林女士接孩子的這份人情，企圖讓林女士替她報銷那些不合規定的發票。接孩子這件事是無法衡量出金錢價值的，即使林女士送給她一個包包，但她並不滿足，還要找林女士報銷發票。如果說林女士因為內心過意不去而同意了，那正好中了她的下懷。

很多職場人士也是一樣的，他們喜歡通過送禮來為自己謀取更大的回報，就是想通過人情來模糊掉等價交換，去換取更大的利益，這本質上就是不對等的。

所以有智慧的人會怎麼做呢？直接退回禮物不合適，他會跟對方說：「你先不要走，我桌子上那兩盒剛到的茶葉特別好，你帶回去喝。你要是不帶的話，這個禮物我也不收了。」這就是高明之處：他不欠這份人情，通過送你茶葉來跟你的禮物做一個抵消，這就避免了你用這份人情來向他求助。

熟人成本：能用錢解決的問題，不要動用人情

小林交了一個女朋友，兩個人也到了談婚論嫁的地步，於是小林就買了房，並且準備在結婚前把新房裝修好。可是找誰裝修呢？他突然想到了自己的舅舅。舅舅是做裝修的，做了十幾年，小林覺得找自己舅舅來裝修肯定能省點錢，他也會更用心一點。可是沒想到，這個決定反而讓他後悔不已。

事情是這樣的。對於新房的裝修，小林和女友有很多自己的想法，可是每次跟舅舅說的時候，舅舅總是會給一堆建議。他們想反駁，又拉不下臉，只能不情願地聽從舅舅的建議。在裝修過程中，兩人有不滿意的地方，也不好意思指出來。

經過前前後後兩個多月的時間，新房終於裝修好了。可是當結算費用的時候，小林有點傻眼了，費用不僅沒有比預想的低，反而貴了不少。可是對方是自己的舅舅，自己又沒辦法砍價或者問責。最終的結果就是，小林和女友花了更多的錢，卻裝修了一個自己並不喜歡的風格，最後還要感謝舅舅的用心付出。

這種事，你有沒有遇到過？其實原本花一點錢就可以解決的問題，他們卻偏偏要用人

情，習慣找朋友或熟人來幫忙，在金錢上能省則省。在他們看來，這樣做無疑是最有利的方式，但結果往往不盡如人意。有這種行為風格的人，還是對關係的本質理解得不夠透徹。

真正活得通透的人，他們都善於用市場的方式解決問題。簡單說，就是能花點錢解決的事，從不隨便動用關係。用市場的方式解決問題，最簡單。因為市場規則的核心是交易，而不是感情。在你來我往中，需要的是價值交換，不會摻雜任何感情成分。從做事的角度來看，它是良性的，是結果導向的，因而風險更低。

關係的本質是價值交換。請人做事，實質上是一種價值交易，別人為你做事，你為別人的價值付酬勞，以實現這次交易的成立。如果別人為你做了事，你沒有支付報酬，那麼就需要用其他方式來換取對方的價值，以實現交易的平衡。

所以用人情辦事的人，很多時候只是在表面上占到了便宜。如果你用人情來換取對方的付出，那麼這份人情不還，關係就會失衡；這份人情要還，卻沒有明確的價值衡量標準，這就麻煩了。而且很多時候，當你用人情去撬動對方的資源時，或許你最終需要付出的更多。就像小林原本以為找自己舅舅來裝修新房，是一件相對有利的事，不僅品質能夠得到保障，而且還可能比市場價更便宜。但事與願違，他不僅花費了更多的錢，對結果也不滿意，過程中也礙於對方長輩的身分無法暢所欲言，自己苦惱不已。

儘管小林覺得苦不堪言，但從舅舅的角度出發，他會覺得自己在這件事上是出力幫助了小林，對小林是施予了人情的。那麼當自己需要小林幫忙時，小林應該竭盡所能地幫自己。而如果小林有難言之隱，想推辭，兩個人之間的關係就會受到影響。

所以，用人情來做事，不僅不划算，還欠了人情。對於小林來說，如果他當初直接花錢請一個專業裝修團隊，通過市場行情去解決裝修問題，反而簡單。裝修師傅拿錢幹活，小林出錢雇用對方，不管過程中出現怎樣的問題，都可以直接提出並解決。在純粹的交易關係下，人與人之間的交換才是絕對自由的。沒有了感情因素的牽絆，事情的結果反而更容易得到保障。

一個成年人真正的成熟，首先體現在他習慣用市場思維解決問題。在馮侖的書《扛住就是本事》中，他講到了一個概念：熟人成本。很多時候我們覺得動用身邊的熟人來幫忙是最有利的，但是事實的真相並非如此。馮侖認為，在市場經濟下，用熟人辦事實際上並不總是省錢，往往還更費錢。這就是熟人成本。

市場關係：雖冷酷無情，卻良性共贏

最具正向迴圈和最少事後負擔的就是市場關係，市場往往最殘酷，但也最具善意。純粹的交易關係，看起來似乎冷血殘酷，但是正因為雙方的合作達成了一個基本共識：只談事，不談感情。因此雙方有什麼意見、想法，都可以直截了當地說出來，絲毫不用顧及感情，這反而能夠得到彼此想要的結果。另外，交易結束後，關係也就結束了，不會有後續七零八落的人情世故需要去維護，因此對個人來說更輕鬆。

看到這裡，很多人可能會有疑問：不是說好關係都是麻煩出來的嗎？你這麼說不會相互矛盾嗎？

其實不然，這兩個觀點是基於不同的背景和前提。麻煩別人的目的和前提是建立關係。也就是說，當你遇到一個人，想要跟他建立關係，那麼這個時候，你可以適當地去麻煩他，這樣做的本質是創造更多的接觸機會，讓你們的工作、生活產生更多的交集和聯繫。那麼隨著打交道日漸頻繁，自然能快速建立起關係。

但是我們現在分析的是如何與熟人之間更簡單地相處。如果你想要跟熟人之間維持簡單的、界限分明的關係，就要儘量減少麻煩對方的機會，能用市場思維和方式解決的問題，就不要隨意動用人情。因為人情的價值是無法直觀衡量和界定的。

當然，假如必須要麻煩熟人解決一件事，那怎麼辦呢？我的建議是提前商量好報酬，比如請對方幫忙前就告訴對方：「這個東西你收著，如果你不收下，那這件事我就不麻煩你了。」這就像你去老長官家送禮，高明的長官一定會在你臨走前，也讓你帶幾盒茶葉回去，一樣的道理。

那麼深層次地瞭解了社交的核心和人情的本質後，我們需要有怎樣的覺悟呢？有三點特別重要。

1. 對於別人的付出，我們要心存感激，並即時給予積極回應

社交的本質是價值交換，所以當別人幫助自己，為自己付出的時候，一定要懂得感恩和回報。因為不管對方是否是在考量你的價值後才選擇幫你，客觀事實是對方確確實實幫你了，你也確確實實受益了。這個時候，你能夠給予對方積極的回應，這樣才能達到一種價值的平衡，讓對方覺得幫你是值得的。對方也會覺得自己的付出沒有白費，往後他也會願意為你做更多，那麼自然也能更大程度地促進關係的良性迴圈。

值得注意的是，這裡有一個關鍵點：感激不要停留在心裡，回應最好是即時的。你對對方心存感激遠遠不夠，不能心裡默念一千遍「你真好」，你還要把這些表達給對方，讓對方真實地收到你的感恩。同時，不管你做哪種回應，最好都是在對方付出後沒多久就行動，時間不要拖得太長。

2. 付出時不要有很高的期待，否則受傷的可能是自己

很多人容易在關係中受傷，其中一個很重要的原因就是在付出的時候產生了期待。首先，能不能獲得所期待的，本身就不是我們能控制的事，這充滿了不確定性。其次，很多時候，我們總是不能客觀地衡量自己的付出是否值得對方的付出，然後就盲目地產生過高的期待。這都導致我們的期望很大程度上會落空，而一旦落空後，就會內心不甘、委屈，

甚至會因為一直得不到自己想要的回報，最終採取一些極端的方式攻擊對方，讓對方意識到自己錯了。這於己於人，都沒好處。

所以我們在關係中一定要修煉一種境界，就是在付出的同時，慢慢放下對回報的期待。我此刻想要愛，便愛了，我此刻想要為你付出，便付出了，至於你怎麼回應我，那是你的事。如果你付出的時候是在過分壓抑自己內心的渴望，你的內心並不舒服，而且對對方有很高的期待，那麼你還不如一開始不去付出。只有處於這樣一種狀態，有這樣一種情緒覺知，你才能更好地維持關係。

3. 要體驗感情的美好，但同時具備市場思維

人活一世，重在體驗，而感情無疑是人性中最美好的一種體驗了。我們的人生因有感情的連結才變得充滿了意義，豐富多彩。但是，我們在享受感情美好的同時，也要具備市場思維，它可以很大程度上幫我們避免一些不必要的煩惱。

市場思維指的是什麼？簡單說就是通過買賣、花錢這樣的方式解決一些問題，不過多地摻雜感情，學會做好利益和感情的區隔。

感情彌足珍貴，但同時也是很多煩惱和痛苦的來源。我們已經提過，人情本身就是一個模糊的概念，它背後所承納的價值很難衡量，一旦一方覺得另一方欠了人情，而過分去索取，或者一方因為欠了人情，過分地被索取，都會因為價值不對等而內心失衡，最終破

壞關係。

而市場思維的好處就在於通過市場的方式解決問題，沒有那麼多彎彎繞繞，心裡有什麼訴求、想法，都可以毫無顧忌地說明，雖然要花點錢，但是沒那麼多麻煩。

我們要體會感情的美好，同時也要學會用市場的方式解決問題。針對不同的情況，採用最合適的方式，不偏執、不極端。

#熟人無用時代，讓自己先成為有價值的人

經常有人跟我探討人生的意義，其實我覺得這個話題並無意義。人生裡太多事本就是無常的，每個人都有自己的認知，也必然會在摸索前行的過程中，找到屬於自己的答案。但是這裡面有一個核心本質是恆定的，那就是：假如你想活得更好，必然要讓自己成為有價值的人。

人所有的行為的終極指向只有一個，那就是生存。怎麼才能提高生存機率呢？就是擁有更多的資源。所以，成年人的世界，需要的是價值交換。前文我們分析強者和弱者思維的時候，講過二者的一個不同之處，就是弱者往往有著很高的道德期待。比如他們在別人危難之時，幫了別人一把，然後就覺得自己對別人來說是有恩的，於是就期盼著當自己跌入谷底時，對方也能拉自己一把；比如自己和某人感情深厚，於是就期盼著將來有一天自己陷入困境，對方也能因感情不離不棄，絕不背叛。

但縱觀歷史或者身邊人的經歷，我們就會發現，事情往往並不會這樣如期發展。對於人性懷有很高道德期待的人，往往會被現實狠狠地上一課。為了生存，人們都會把有限的時間花費在能夠帶來生存價值的事情上。

趨利避害是人的本性

戰國時代有一個齊國公子，叫孟嘗君，他以養士而聞名，當時他門下的食客就有數千人，每個人都受到他的厚待。大家看見他如此禮賢下士，所以都爭先恐後地投奔於他，甚至一些沒有什麼才能的人也到他那裡混口飯吃。難能可貴的是，孟嘗君對這些人都一視同仁，沒有因為一些人是濫竽充數跑過來的，就虧待他們。所以當時天下人都誇他有氣度，對他讚譽有加，敬佩不已。

可是後來，因為孟嘗君的聲望太大了，蓋過了齊國的國君，這讓國君心裡很不爽。他因此有了猜忌之心，於是罷免了孟嘗君的職務，把他從都城趕了出去。食客們一看孟嘗君失勢了，就紛紛離開了他，孟嘗君傷心透了。後來孟嘗君消除了誤解，官復原職，原先那些背棄他的食客又紛紛返回來了。

這讓孟嘗君非常生氣，心生惱怒，他對一直陪伴自己的馮諼說：「這些人實在是太可惡了，他們不仁不義，還恬不知恥地趕回來見我，真把我當傻瓜了，我自問從來沒有虧待過他們，可他們竟然那樣對我，這世上還有道義可言嗎？我一定要好好地羞辱他們，以解我心頭之恨。」

馮諼長歎了一聲，問孟嘗君：「事情總有它的道理，主公可知道此中的奧祕嗎？」

孟嘗君搖了搖頭說：「我實在是不知道，請先生教我。」於是馮諼就說了一段話，讓孟嘗君恍然大悟。

他說：「人之常情，什麼時候也差不了多少，就像有生必有死一樣。富貴時，自然會有人追隨於你，貧賤時，當然就缺少朋友，這是事情固有的道理啊。打個比方說，主公看見去市場趕集的人了嗎？一大早人們便爭先恐後地來到集市上，到了天黑，即使是路過集市，人們也不做片刻停留，為什麼呢？道理很簡單，人們並不是對早上的市場有所偏愛，也不是對晚上的市場有所憎惡，只是因為晚上的市場已經沒有人們所需要的貨物了。

「所以，當你失勢的時候，人們離你而去不是一件很正常的事嗎？你對此耿耿於懷，豈不是對人失於考察嗎？現在還不是你可以放縱的時候。為了你的大業，你不要責怪他們，否則就斷了賓客的來路，於你有害而無益。」

馮諼說的這段話，真的值得我們細細沉思。很多時候，人們之所以會因為對方的態度而痛苦、迷惘、不舒服，是因為他們對人性失察，不瞭解人性本身。

人是一個複雜體，有善的一面，也有惡的一面，趨利避害是人的本性。所以說，當你得勢的時候，大把的人跟隨你；你失勢的時候，大家都離你而去，這只是一個正常現象，是人性的一個表徵而已。我們只有認清這個真相，接受現實，才能不被其所傷。

如果你想不明白，那就試試換角度思考。當你身邊有人陷入困境時，你會做出怎樣的決策？或許，你也逃不過人性的牢籠吧。

人的第一核心要義是生存，如果他人跟著你生存不下去了，或者說獲得不了更多生存的利益了，那麼他就會跑去跟能帶給自己利益的人混。當你明白了這個邏輯，你才能把更多精力用在讓自己強大上。你才會明白，只有自己能夠為別人創造利益，大家才會死心塌地地跟著你、靠近你。

我有一個學員，以前他家裡很有錢，所有的親戚朋友都圍著他家轉，跟他家的關係很好，逢年過節都給他家送禮。後來他父親去世之後，家道中落，很多人就不跟他們打交道了，基本不來往了，甚至還看不起他家。

所以他內心就覺得很不舒服，大罵這群人忘恩負義，勢利眼。其實沒有這個必要。他們的表現只是人性的一個正常寫照而已，人是趨利避害的，都希望追求更多利益。這就像一條魚，牠在河裡歡快地游著，當這條河的水快要乾了，另一條河裡的水還有很多，那麼魚一定會拚命地向另一條河游過去。生存面前無是非，人亦如此。

既然人性如此，那麼我們就要讓自己變得更有價值。有價值的狀態有什麼衡量標準呢？

修煉自己的不可替代性

現代社會有一個喊得很響亮的概念，就是要提升自己的不可替代性。但是很多人只是喊喊口號，並沒有深層次地認識它。到底什麼是不可替代性？平常我們理解的不可替代性，可能是通過某些專業領域技能的精進，來獲得獨一無二的地位。但是CSDN副總裁孟岩先生有一句話，我覺得才是說到了核心——一個人的核心競爭力、不可替代性，不是時間差，不是技術，不是基本功，不是什麼思想，也不是聰明的腦袋瓜，而是你獨特的個性、知識、經驗的組合。

我有個朋友，他上學的時候成績特別好，大家都覺得他將來能成就一番大事。當我們多年以後再相聚的時候，卻發現他混得不是特別好，日子過得很糟糕，為什麼呢？這些年，他不斷跳槽，換了很多工作，在哪一個公司都沒有深入地沉澱自己，最終成為公司可有可無的那一類人。

一旦你成為這類人，那麼公司裁員時第一批裁掉的人就是你，為什麼呢？首先，裁掉你不會對公司的正常運轉造成多大影響，還能夠節省開支；其次，這類員工遍地都是，隨時可以再招新員工。所以說，人生在世，要修煉的就是不可替代性。不可替代性會讓自己永遠保持有價值的狀態，永遠掌握自己人生的主動權。

很多人沒有弄清楚人性的本質，他們覺得自己在公司任勞任怨五年、十年，甚至大半輩子，跟老闆是有感情的，老闆不念自己的功勞，也會念自己的苦勞。其實這種思維大錯特錯。公司想要發展，想要做大做強，老闆最不能做的就是念舊情，他需要源源不斷地引進更加有能力的人才，也不會因為誰是老員工就不再看中他的工作能力。

如何修煉自己的不可替代性呢？你可以從這幾個維度出發：首先，成為領域內資深專家，把事情做到別人都無法企及的高度。其次，做一個複合型人才。比如同樣是做老闆的祕書，普通人都會寫文案、整理檔案，但是你還會開車，老闆出去談事情的時候，你能夠當他的司機，那你就比別人有更大的優勢。最後，要具備成長型思維。在生活和工作中，你要隨時隨地抓住每一個成長的機會，打造自己。你要明白，更加專業的技能、開放深入的思維方式、持續更新知識庫的學習能力、與人溝通達成共識的能力，還有那些附著在你這個人身上的寶貴品質，將成為這個新時代構建不可替代性的基礎。

我們要清楚，向內求，不斷提升自己的價值才是改變命運的關鍵。很多人不能成事，是因為他們總喜歡依靠外在因素，希望能有貴人拉自己一把，希望命運能眷顧自己一次，這種做法或念想是把人生的主動權交給了別人。

置身於有價值的位置

司馬懿特別有智慧，當初他手握重兵，兵臨城下，諸葛亮使出空城計這一招。這時他只要派兵進城，就能消滅諸葛亮，但是他為什麼沒有這麼做呢？司馬懿的野心很大，他有自己的盤算，他要手上握有兵權才能夠行事，那怎樣才能握有兵權呢？就是有仗可打，有對手存在。如果他前腳把諸葛亮消滅了，那麼後腳要做的一件事就是上交兵權。因為無仗可打，他自然就沒有價值了。諸葛亮也是一樣的，他當上丞相之後就一直揮師北伐，原因之一是只有一直打仗，自己才有用處，無仗可打就要上交兵權，也就沒有什麼價值可言了。

很多時候，我們有價值、有能力還不夠，還要學會審時度勢、借勢造勢，讓自己處於一個有價值的狀態。這就像在三國中，關羽是給別人看家護院的，張飛是殺豬的，劉備是賣草鞋的。他們都有一身本領，但是一開始並無用武之地，所以只能在市井中勉強生活。後來恰逢東漢末年時局不穩，他們抓住機會，順勢而起，展現了自己的價值和能力，才有了後來的成就。

在職場上也是一樣，很多人覺得自己有能力就夠了，終究能夠晉升的，其實並非如此。如果公司各方面非常穩定，你或許並不會因能力而有出頭之日。所以你必須學會抓住一些機會，比如主動請纓去做一些稍微棘手但影響較大的事情，通過做這些事讓大家看到你的價值，從而借勢出道。

在現代社會，有能力只是一個人的基本配置，更重要的是要讓自己的這些優勢處於一種有價值的狀態，能讓別人看到。

我有個朋友在進入公司後，三年時間得到五次重大晉升。首先，他本身的能力很強。其次，他並沒有走循規蹈矩的路線，也從來沒有想著「我只要是金子，終究會被看到」，而是更多地把握主動性。平時大家覺得有些棘手、不願意做的事，他會主動請纓去做；能夠接觸到上級的工作，他會搶著做；一些上級重視、影響力較大的工作，他更是想盡方法去參與……

慢慢地，他的價值變得越來越高，很多事離開他辦不了，上級也逐步認識或者留意他，於是他得到了一個又一個機會，一路快速升遷。所以，想要往高處走，自己有價值還不夠，還要不斷創造機會展現自己的價值，時時處於一種被需要的狀態中，讓自己把握人生的主動權。

我們一定要戒掉受害者思維，不要總去抱怨為什麼別人這樣對待自己。如果你的價值不夠，你在周圍人看來也許就是負擔。這樣說確實很殘酷，我們小時候可以相信很多美好的童話，但是成年後，就要學會正視社會的真相。

#婚戀關係，就是精準的價值匹配

在我收到的私信中，有很大一部分人都是向我傾訴婚姻生活裡遭遇的諸多痛苦。他們想不通為什麼自己用盡心思經營的感情，到最後會和想要的結果背道而馳。所以，從人性角度來聊聊婚姻，在本書中顯得十分重要。

關於婚姻，它既然屬於關係的一種，那麼背後的本質必然也是價值交換。或許很多人覺得這樣說是把婚姻物化了，其實不然。婚姻當然美好，是很多人心靈的歸屬和殿堂，它有其他關係所沒有的聖潔部分，但也有其他關係所共通的底層邏輯：價值交換。所以，一個成熟的人在面對婚姻時，能在享受它的浪漫和美好時，也保有理性去看見其本質，熟諳經營之道。只有這樣，當婚姻真正觸碰到現實的時候，你才能避免承擔過多的失落和惆悵。

接下來，我從人性的角度重新解讀婚姻這種關係，這是每一個成年人都必須具備的認知。

婚姻的本質是一場雙方都獲利的合作

說到婚姻，我們總是習慣性地把婚姻看得很神聖，將它從所有關係中分離出來去看，用純感情的角度去敬畏它。這無非是一些電視劇或者愛情小說給我們無形中帶來影響，導致我們為了某種精神滿足，開始自我臆想。可這種想法只會讓我們更加遠離婚姻的真相。

想要搞清楚婚姻的真相，就得從源頭說起。婚姻制度是哪兒來的？它不是天然存在的，而是為了方便人與人之間的合作而後天設立的。在《認知突圍》這本書裡，作者蔡壘磊從兩個方向去講述婚姻這件事，我覺得尤為貼切。

對於統治階級來說，婚姻使得社會狀態相對更加穩固。簡單說就是，個人會更容易偏激，更隨心所欲，更容易做出一些不利於社會安定團結的事情。一旦他們有了配偶，有了子女，就有了牽掛，有了責任，多了一層顧慮，那麼就更容易被管束和自我約束。

對於個人來說，建立婚姻其實是幫助自己減少了生存成本。舉個例子，夏天開空調，一個人住要付全部電費，現在兩個人開一臺空調，兩人都能受益，費用也可以均攤。長期搭夥過日子有助於減少支出，其他成本也是同理。社會總的生存成本減少了，總效益自然增加。於是，統治階級和個體一拍即合，婚姻制度就誕生了。

其實婚姻的本質是一種合作，婚姻是為利益服務的，婚姻的存在是對大家有利。可能有人會提出質疑：很多人是因為愛情才結婚的呀。

人世間所有的情感，都源自需要，愛情也不例外。你之所以覺得愛對方，必然是對方在某個地方吸引到你，對方要麼符合你的審美觀，要麼符合你的價值觀，要麼符合你的心理需要。總之，對方的存在會讓你獲得裨益。所以，「愛」本身就是一種「勢利」的結果，是我們在無意識的狀態下最大化自身利益的一種選擇。婚姻也是一種利益博弈下的選擇，只不過這種選擇更複雜，有時候不僅取決於你的個人意志，還摻雜著你家人的需要。

當我們能夠看到婚姻背後的需要交換，也就能夠很坦然地面對離婚這件事。既然是合作，必然就有終結的時候。當兩個人都覺得繼續在一塊兒搭夥過日子，並不能滿足個人需要的時候，或者其中一方產生這種感覺的時候，合作自然就要終止了。

維繫婚姻的核心是，懂得需要比愛更重要

當兩個人的婚姻出現問題時，很多人過得特別煎熬、痛苦，這主要源自他們沒有看透婚姻出現問題的根本原因。

很多人習慣上會把愛情等同於婚姻，這也是結婚後爆發問題的一個根源。心理學上有很多關於愛情的定義、理論，其中最著名的就是美國心理學家史坦伯格（Robert Jeffrey Sternberg）所發表的「愛情三角理論」。充分瞭解這個理論，你會對愛情和婚姻有更為深刻的認知。在這個理論當中，史坦伯格認為，愛情需要具備三要素：激情、親密和承諾。

激情是愛情出現的誘導因素，是一種非常強烈地渴望和對方進行結合的衝動狀態，是一種情緒上的著迷。直白地講，這就是一種原始衝動。我們見到一個人時，可能會心跳

加速、臉紅、極度興奮等，這些基本上是在感性支配下發生的。所以我們在生活中會戲稱「戀愛中的男女智商為零」，此刻的他們會表現得特別甜蜜，把對方看成自己的真命天子、真命女神，其實這不過是荷爾蒙驅使下的一種衝動行為。

親密可以讓愛情更加長久，它更多的是指兩個人互相喜歡的感覺，是兩個人關係上的親近，比如兩個人平時的問候、擁抱、一起做某事的體驗等。

承諾是愛情中的重要組成部分，它主要指個人內心或口頭對愛的預期，是愛情中最理性的成分。當愛情初期的熱度逐步消退，但是兩個人仍然願意患難與共，給予彼此一份長久的承諾時，愛情就逐步走向了婚姻。

所以看到這裡，其實你就應該明白，愛情和婚姻根本就是兩個概念，戀愛時是激情占主導地位，荷爾蒙的分泌和骨子裡的原始衝動可能會讓你們在主觀上過分放大彼此的價值。同時，由於在現實中你們相互瞭解得並不多，所以彼此之間又會形成一定的神祕感，這都會導致你們覺得對方就是自己苦苦尋找的那個人，可實際上並不一定。

結婚後，戀愛時的激情已經逐步退去，戀愛時產生的荷爾蒙早已經消退了。你們彼此也逐步趨於理性，而且隨著瞭解的加深，你會發現對方越來越多的缺點，更多和你不統一的地方，並且會看到對方更真實的一面。你終於明白，對方不會變成你所期待的樣子，也不會再像戀愛時那樣，只要你需要他，他就會出現，滿足你的訴求。

我們可以這麼理解，讓愛情充滿新鮮感的是源源不斷的激情和神祕感，讓婚姻保鮮的卻是接納和需要——我接納了你的真實性，不再活在自己的幻想裡；我從理性層面上感覺到你對我是有價值的，我需要你，願意與你攜手餘生。

這是戀愛和婚姻一個很大的區別，很多人結婚之後很痛苦，就是因為他們把戀愛等同於婚姻，這無疑是大錯特錯。

我很喜歡這樣一個比喻，婚姻就是兩個人約好了一起去遠方，但是上車後卻發現，原來彼此都希望對方能全權照顧自己的人生，而且一路上的風景好得不得了，到處充滿了誘惑。所以有些人為了讓對方只在意自己，只滿足自己，就把窗簾全部都拉上，不讓對方看風景，只看自己，只關心自己，滿眼都是自己。當對方跟隔壁桌的女人說話的時候，她就說：「你別跟她聊了，你再聊我就跳車。」

為了留住對方，這類人選擇的是極端的、威脅的方式，渴望去綁住對方或者乞求對方留下。但很顯然，這種做法並不會起到很大效果。假如說一個人的心鐵定了要走，那麼你想方設法也挽留不住。就算挽留下來了人，其實也沒有意義。

真正好的婚姻觀，其實是你心裡做好了充分的準備，對方有隨時下車的權利，如果他在這段旅程中很滿足，那就一直選擇同行，而不是下車。所以婚姻本質上就是一種選擇，最可貴的不是我們曾經在眾多的選擇中選擇了彼此，而是無論過多久，無論看了多少風景，我們一直堅定自己的選擇。

那麼我們深層次來思考一下，為什麼對方明明有很多選擇，但是最終依然選擇你？從人性角度來說，還是因為你與其他人相比更有價值，比如你更理解對方，更能滿足對方的需要，讓對方能有安全感或歸屬感，等等。

說到這裡，我們應該可以明白人性的真相了吧，**需要其實比愛更重要，我們之所以做出某個選擇，必然是這個選擇對我們更有利、更有價值。**

所以兩個人的婚姻之所以能夠存在，是因為相互需要。而婚姻之所以可以一直存續，是因為雙方在這段關係中能不斷地滿足需要。一段婚姻在多大程度上可以滿足對方的心理需要，能夠反映出對方在多大程度上可以抵抗外界的誘惑。可以這麼說，兩個人如果能夠共築一段美好的婚姻，也就幫助對方建立了更強的自律性。

可惜很多人都把這一點理解錯了，他們為了不讓對方離開，要麼卑微到骨子裡，要麼千方百計地控制對方，要麼動用極端的方式威脅對方，結果往往適得其反。

經營婚姻的核心是做一個被需要的人

既然需要比愛更重要，那麼我們真正應該要經營的是什麼呢？是自己的價值。當你把更多的時間和精力放在提升自己的價值上，當你對對方來說是具備高價值的人，當對方明白假如自己做了對不起你的事或者離開你是一種損失的時候，其實他就不會選擇離開你了。

什麼是愛？愛的本質是需要。只談愛、為愛而活的人，往往思維上還不夠成熟。如果對方拋棄你了，忽視你了，不再迷戀你們的這段愛情了，核心在於他無法從你這裡獲得滿足了，那麼他就可能找尋其他可以滿足自己需要的人來替代你。

所以，這才是經營婚姻的核心。我們每個人都要學會在婚姻關係中容納對方，不要管束對方，要把自己變成一個一直被需要的人，才能幸福到老。

那怎麼提升自己的價值呢？有很多方法。很多人結婚後就一心都在伴侶和孩子身上，其實並不明智。即便結婚後，每個人都應該保持自己的獨立性，要有自己熱愛和感興趣的事情，要有自己的人脈和圈子，要有自己的追求。當你把婚姻作為自己的唯一追求時，你的人生就被框住了。從投資角度來說，孤注一擲容易全盤皆輸。

如果人生框架裡只有婚姻，那麼一旦在婚姻中受傷了，你就很容易走不出來，會很痛苦，因為你無法從其他的地方獲取能量。對於你的愛人來說，你就像在家裡的一個閒人，他會越來越厭煩，因為他看不到你其他方面的生命力。

所以，不要天天抱怨自己的婚姻為什麼這麼不幸福。如果你覺得婚姻不理想、不幸福，你應該好好去反思一下自己到底在做什麼？你到底在用什麼方法經營自己的婚姻？也許你很努力，但是方向錯了，那必然得不到自己想要的結果。

人生的本質就是一個人活一生。即便在這個過程中，你交了朋友，你結了婚，你都依然屬於你自己。當你把自己經營得很好的時候，一切的好都會向你靠攏，一切的不幸都會遠離你。所以核心是你自己，一切皆如此。

PART 2
學習人性

用人性邏輯升級認知與思維

第四章

跳出傳統思維陷阱，做一個清醒的思考家

#抬槓是一時爽，還是一直爽？

在生活中，你是一個「槓精」（編按：中國流行語，指不問真相，總是為反對而反對的人）嗎？比如面對別人的否定意見，你是否總是難以接受、拚命證明自己是對的？面對一些新觀點，你是否總是不假思索地直接拒絕？

如果你的答案是肯定的，那你就要小心了，你很可能擁有「槓精」的思維模式。這種思維又被形象地稱作紅燈思維，它很大程度上會阻礙你的成長。

紅燈思維是什麼呢？簡單說，就是指別人跟你有不同意見、給你提建議或者否定你的

時候，你不是嘗試去理解或者接受別人的觀點和建議，而是直接性、習慣性地反駁對方，跟對方對峙起來。

舉個例子。你負責一個項目，忙了四五天，好不容易把這個項目完成了，然後你把項目交給組長看的時候，組長說：「你這個項目這裡還有點問題，這裡不行呀。」

組長這樣說，也許只是在就事論事，沒有任何批評你的意思，又或者只是為了讓你把這個項目完成得更好。但是，你聽到組長的評判就「蹭」地來了情緒，一下子發洩出來：「我忙了四五天，您看一眼就覺得不行。既然這樣，為什麼找我做，不找別人做啊。我覺得做得很完美，改不了了！」這就屬於紅燈思維。

我曾經跟一個交好的朋友說：「自媒體時代已經來了，知識付費時代已經來了，如果你對某個領域非常熟悉，有著比較深厚的積累，你可以嘗試做這個領域的自媒體垂直帳號（編按：指專注於某一領域的帳號），很容易變現的。」他對我說：「這個世界上能人多的是，咱們身邊哪有靠這個養活自己的，天天蹲在家裡搞這個，不算什麼正經工作。」

這讓我啞口無言。很顯然，在朋友看來，只要不是規規矩矩上下班的工作，都不是正經工作。他對於自己不熟悉的事物，第一反應不是好奇和接納，而是排斥和否定，這也是典型的紅燈思維。

為什麼很多人會有紅燈思維呢？這也源自人性的一個弱點。在原始時代，我們的祖先生活在叢林中，危機四伏，為了生存，所以對周圍環境異常敏感。他們一旦發現對自己不利的任何風吹草動，就會馬上採取行動，觸發「戰鬥或逃跑」的反應。

到了現代社會，雖然我們不再面臨生存問題，生存環境也安全了，但是潛意識中會把他人的否定、批評和異議視為危險因素。一旦聽到不一樣的聲音，我們就會分外敏感，開啟「戰鬥或逃跑」反應，去跟對方吵起來、爭論起來，這在心理學上被稱為習慣性防衛。

接下來，我們從腦科學的角度來分析一下習慣性防衛的形成。

自我意識障礙

自我意識障礙，幾乎是每個人都具備的特性。我很認同，瑞・達利歐（Ray Dalio）在《原則》（*Principles: Life and Work*）一書中對此進行了比較深刻的說明，他指出：我們絕大部分人都有一些根植於內心最深處的需求和恐懼，例如需要被愛，害怕失去別人的愛；需要生存，害怕死亡；需要讓自己有意義，害怕自己無意義等。

這些需求都來自我們大腦裡的一些原始部分，比如杏仁核。這些部分都是大腦顳葉的構造，而顳葉負責處理情緒。這就導致這些區域的特性是一方面會簡單化處理事務，做出本能的反應；另一方面會更渴望讚譽，而把批評視為一種攻擊。儘管我們的理性能夠清醒地理解並認識到，建設性的批評對我們更為有利。最終因為這些區域作用的存在，我們總是很容易對評價產生戒備心理。

毫無疑問，最終的結果就是它阻礙我們的大腦保持極度開放。一旦有人提出反對意見或者質疑我們，即便是為我們好，即便我們可能也知道是為我們好，我們的第一個想法仍然是：反駁！

思維盲點

除了自我意識障礙之外，人類大腦還有思維盲點。簡單說，就是我們的思維方式有時會阻礙我們準確地看待事物。這就像人類的辨音、辨色能力存在差異一樣，人與人的認知和理解事物的能力也有差異。我們每個人都以自己的認知能力看待事物，因此看到的只是受限於自己認知能力的「真相」，而非事物真實的樣子。

每個人都有自己獨特的思維盲點。比如有些人擅長看到大圖景而忽略小細節，有些人擅長看具體細節而容易忽略大局，有些人習慣線性思維，有些人習慣發散性思維。

所以很顯然，受思維盲點的影響，人們無法理解自己「看不到」的東西。更嚴重的是，儘管人都有思維盲點，但又不願意承認這個事實。所以一旦某個人指出我們的心理弱點，我們就會有一種羞恥感，彷彿別人指出了自己的身體缺陷，非常不舒服。

這就導致當其他人表達出不一樣的意見時，我們會感到威脅，並選擇視而不見；當其他人提出的建議或批評非常具有建設性時，我們也難以領會這些建議或批評對自己多麼有價值。

那麼紅燈思維對我們有什麼弊端呢？主要有兩個。

第一，我們會失去成長的機會。因為很多時候，我們的想法是片面的、錯誤的。如果我們一味地固執己見，不接受別人的看法和意見，我們就認識不到自己的錯誤，也不去改變，自然就很難從中成長。

第二，我們會追不上時代的潮流，更有可能被社會所淘汰。這個社會唯一不變的是一直在變，每時每刻都有新事物、新概念產生。如果你對事物的看法受限於自己的思維盲點，不主動去接受新事物，打碎自己的認知，實現思維破圈，那麼就無法接受新事物。時間一長，你就會與社會脫節，落後於身邊人，漸漸被拋棄。

這就是紅燈思維的兩個弊端。

那麼我們該怎樣打破紅燈思維呢？

1. 建立緩衝期

紅燈思維其實是人性的一個表現，當我們面對質疑、批判時，潛意識會自發形成防衛。既然它是潛意識層面的，若我們想要保持理性，並加以阻止自動反應，這時就需要一個緩衝期。簡單說，就是當別人否定你或者批評你、提出不同意見的時候，先不要去跟對方吵，先沉默，給自己五~十秒的時間來冷靜一下。

在這個緩衝期內，你的大腦會主動把對方所說的話在腦子裡簡單過一遍。不要小看這個過程，通過這個過程，你可能就會意識到對方的合理性了。當你意識到這一點的時候，你的攻擊性就會減弱，就不會快速啟動自己的紅燈思維，採取過激反應了。

2. 培養覺知思維

簡單說，就是當你面對不同意見或者別人的否定，又想要直接攻擊的時候，你能先覺察到自己此刻掉入這種狀態中，被自己的潛意識掌控了。能夠覺察到自己的紅燈思維，就已經在意識上開啟了對紅燈思維的干預，那麼它的自動化機制就會被削弱。

這就好比很多人說：「我情緒上來的時候總是控制不住，做一些偏激的事，怎麼辦啊？」這時候，你首先應該做的是覺察，能夠在情緒出現的時候覺察到它，意識到此刻的自己處在情緒化狀態下，不夠理性。只有建立起這樣的覺察，情緒對你的控制力才能降低。

3. 把人（個體）和事（事件）分開

為什麼很多人接受不了否定意見，接受不了別人的批評？就是因為他們把人（個體）等同於事（事件）了。正如上文舉的例子，你把好不容易做好的項目拿給組長看，組長卻提出一堆問題。你當下的反應就是怒火中燒，跟對方槓起來。你之所以出現這麼激烈的抗拒情緒，是因為你把他對項目的批評等同於對你這個人的否定。他說項目存在問題，你會覺得他在說「你能力不行，你這個人不行」。所以，你感受到了攻擊和歧視，因此把這件事上升到對自己人格和能力的辯護。當你有這樣的認知，就無法聽取他的任何意見，也難以接受他的評判。

夫妻之間出現矛盾，很多時候也是因為把事件等同於個體了。比如對方燒了一道菜，你吃的時候說了句：「這個菜太鹹了，不好吃。」你可能只是對菜做了一個簡單的評價，並沒有任何敵意，但是對方可能會把你的態度等同於對他（她）的否定：自己能力不行，連菜都做不好，不稱職。於是，衝突就升級了。

所以在生活中，我們務必要搞清楚這一點，學會把人（個體）和事（事件）分開。當你能真正用「對事不對人」的心態去看待事情的時候，你會發現，別人的否定意見、別人的批評，你其實是能夠試著接受的。因為他評價的是眼前這件事，而不是你這個人。

通過以上三點，你就能夠更加輕鬆地打破紅燈思維，能夠接受別人的意見，能夠允許自己犯錯，進而迎來質的成長。而這，是你變強路上的一個關鍵點。

#最高明的獵人，往往是以獵物的形式出現

很多人在生活中的很多決策其實都不是在自己的理性指導下做出的，而是在不知不覺中受到了他人的影響。這源自鳥籠效應。

鳥籠效應是一個著名的心理現象，也是人類難以擺脫的十大心理之一。鳥籠效應的發現者是近代傑出的心理學家詹姆斯（William James）。關於這個思維，背後有一個很有趣的故事，我們不妨先來瞭解一下。

一九〇七年，詹姆斯從哈佛大學退休後，同時退休的還有他的好友，物理學家卡爾森。一天，兩人打賭。詹姆斯說：「我一定會讓你不久就養上一隻鳥的。」卡爾森不以為然：「我不信！因為我從來就沒有想過要養一隻鳥。」

沒過幾天，恰逢卡爾森生日，詹姆斯就送給了他一個禮物——一只精緻的鳥籠。卡爾森見狀，笑著說道：「我只當它是一件漂亮的工藝品，你就別費勁了。」

可是從那以後，一件糟心的事出現了。只要客人來訪，看見卡爾森書桌旁那只空蕩蕩的鳥籠，他們幾乎都會無一例外地問：「教授，你養的鳥什麼時候死了？」

面對這種情況，卡爾森只好一次次地向客人解釋：「我從來就沒有養過鳥。」然而，

這種回答每每換來的是客人困惑而不信任的目光。無奈之下，卡爾森教授最終買了一隻鳥養在籠子裡，輸掉了打賭。

這就是著名的鳥籠效應。可能很多人都看過這個故事，但是事情沒有發生在自己身上，所以覺得對自己的影響並不大。其實這種邏輯的背後反映的是兩種非常深刻的心理。

慣性思維

鳥籠效應反映出人的一種慣常心理，被稱為慣性思維，也叫作思維定勢，是指人們依據以往所積累的經驗和已有的思維規律，在反復使用中所形成的比較穩定的、定型化的思維路線、方式、程式、模式。直白點講就是，兩種事物總是同時出現，所以我們在潛意識中形成聯繫反應，當其中一個事物單獨出現時，我們都會更加傾向於讓另一個事物也出現，覺得這才是理所當然的。這就像只要看到鳥籠，我們就會想到鳥，覺得鳥籠中有鳥是理所應當的事，鳥籠和鳥之間存在必然的捆綁關係。

在生活中，這樣的例子數不勝數。比如很多人背著名牌包，就覺得應該再搭配一件名牌衣服；比如當你收到一束漂亮的花，你會特意去買一個水晶花瓶，花凋謝後為了不讓這個花瓶空著，你隔幾天又會買一束花；比如某些商家想提升魚的銷量，會送顧客漂亮的魚缸；比如你在網購的時候，系統會自動推薦你一些大資料演算法下符合你需求的商品，但是只顧著推薦還不行，商家也知道用戶不是那種看到什麼就買的人，所以還會來上「臨門一腳」，送你一張優惠券，結果很多人就動心了……

所以你看，人是多麼容易受到鳥籠效應的影響。只不過，很多人絲毫沒有意識到。比如一個人事業成功，那他介紹的東西就一定是好的嗎？比如父母和親戚的年齡大，他們說的話就一定對嗎？

答案顯然是否定的。我們的慣性思維可能會將這些畫等號，但是事實上，它們之間並沒有必然的聯繫。鳥籠效應其實反映的是形式和內容之間的關係問題，即當我們事先設定了一個形式之後，就會在常規思維的基礎上填充相應的內容，那必然有很大的主觀性和盲目性。

當然，鳥籠效應對人的生存也是有很多好處的。比如，一到冬天，我們就會自覺去準備過冬的衣服。鳥籠效應使我們在很多生活問題上形成慣性反應，進而減少額外的心理能量消耗。所以說，這種慣性思維在某種程度上能夠方便我們的生活，提高生活效率。

從眾心理

我們都知道從眾心理。簡單說就是，個體在社會生活中，由於受到外界群體行為的影響，會在自己的知覺、判斷、認識上表現出符合公眾輿論或多數人的行為方式。

為什麼會產生這種情況呢？因為你一旦和眾人不一樣，那麼眾人的不理解和不信任所產生的強大心理壓力，就會讓你無法承受。我們人類是群居動物，天性希望獲得社會認同，不被群體所接納和理解在我們看來甚至是致命的，這是我們在原始社會就形成的經驗。所以外界壓力在很大程度上都會迫使作為個體的人，必須沿著公眾的思維路線和價值判斷來行事。

在上面的故事中，這也完全得到了驗證。極具個性的卡爾森教授一開始還自以為是地認為不會輸掉打賭，自己只是把鳥籠當作一個工藝品，但顯然最後也是無法忍受幾乎來自每一位客人的好奇和困惑，選擇屈服於這種心理壓力，去養了一隻鳥。

看到這裡，你是不是對鳥籠效應有了一個更加深刻的認識？你還會覺得你是自己的主人嗎？你還堅信自己的決策確實是理性下自主決定的嗎？

一個人想要看清自己並不難，真正的困難是大多數人都不願意承認並接受「自己其實很容易被影響」這個事實。所以回想一下，在生活和工作中，你曾有多少次不知不覺就掉進了這個陷阱？如果是，那麼該如何跳出「鳥籠陷阱」呢？

避免直線思維

大家都聽過盲人摸象的故事吧，其實這就是一個典型的用直線思維思考問題的例子。

從前有四個盲人想知道大象長什麼樣子，可他們看不見，只能用手去摸。第一個盲人摸到了大象的牙齒，他就說：「大象就像一個又長、又粗的大蘿蔔。」第二個盲人摸到的是大象的耳朵，他說：「不對，大象明明是一把大蒲扇嘛。」第三個盲人摸到了大象的腿，於是就說：「你們淨瞎說，大象明明是根柱子。」最後一位盲人則嘟囔道：「大象哪有那麼大，它不過是一根草繩。」原來他摸到的是大象的尾巴。

這四個盲人思考問題的方式就是典型的直線思維，簡單說就是他們根據得到的局部資訊，在自己的慣性認知影響下，就直接得出了「大象是什麼樣子」的整體結論，這顯然在很多時候都並不合理，而且會影響決策。

再舉個例子，曾經有家賓士公司開出了一個年薪一百三十萬元的職缺，吸引了一群年輕人去面試。剛看到考題的時候，所有人都驚呆了。考題是：將自己的手機拿去寄存，誰的價格最少就錄用誰。

這些年輕人看完考題後都忙著到寄存處詢問，結果對方回答：「收費兩百元。」這時，大多數人為了完成考題，都各使奇招。有人送禮物討好，有人威逼利誘，甚至還有人跪地乞求……其實這就是典型的直線思維：我們在傳統的慣性認知下，理所當然地覺得要做這件事，就應該採取這些方法。這就像我們覺得家裡有一個鳥籠，那麼鳥籠裡就應該有鳥一樣。

在這些年輕人中有一個叫克理的，他看了寄存處工作人員一眼，就轉身離開了。大家以為克理放棄了，但是十分鐘後，克理回來了，手裡拿著一張小紙條遞給了面試官。面試官看完，揚了揚手中的小紙條，當場就宣布克理被錄用了，因為小紙條上的寄存價格是五元。

原來，克理離開後直接去了園區的販賣部，花五塊錢買了一條口香糖。他拿到後立刻就放到嘴裡，接下來卻故意窘迫地告訴收銀員：「我的錢包丟了，只能暫時先用手機做抵押，不過我保證一會兒一定會帶錢過來付帳，請你放心，而且這手機也不止值五元。」收銀員也沒有其他選擇，只能收下克理的手機，叮囑他儘快拿錢過來取，不然手機就要充公。

克理感激地謝過收銀員之後，請他寫了一張紙條，說明用手機抵押五元的口香糖，然後就拿這五元的紙條，回到公司交給面試官，最終以最低的價格完成了手機寄存，得到了這份年薪一百三十萬元的工作。

為什麼克理能脫穎而出呢？他沒有選擇常規的寄存處，而是通過抵押手機的方式讓販賣部收銀員保管自己的手機。他沒有被傳統認知的「鳥籠」給框住，擺脫了直線思維的思考方式。

這一點在醫學上也可以很好地理解。很多人會覺得看病就要「頭痛醫頭，腳痛醫腳」，其實這也是直線思維。真正專業的醫生會告訴你，很多時候並非如此，疾病遠非表面那樣簡單，並不是哪裡不舒服了就治哪裡。只有找到真正病因所在，才能從根本上解決問題。

懂得斷捨離

當別人送我們一只鳥籠時，通常我們都會有兩種選擇：一是買一隻鳥回來養；二是對鳥籠棄之不理。但大多數人都會選擇前者，別人好心贈予鳥籠，沒有不收的道理；而既然是別人送的，拿回家也不能說扔就扔了。所以大多數人會選擇收下鳥籠，又有很大機率會為了填充鳥籠而買一隻鳥。而事實上，自己並不是愛鳥人士。

所以，這件事的關鍵在於，我們是否需要它？它是否適合自己？如果你不喜歡鳥，又不需要鳥籠，那麼最好的方式就是學會拒絕，心意領了，但鳥籠就不需要了。對於不需要和不適合的東西，我們要勇於斷捨離，敢於把心中的那只「鳥籠」丟掉。

要記住，適合自己的才是最好的。我們每個人都有屬於自己的人生路要走，每個人的人生都有適合自己的劇本，沒必要緣木求魚，也沒必要削足適履。

控制自己的欲望

天下熙熙皆為利來，天下攘攘皆為利往。人們拚命熬夜，加班掙錢，努力去買更多、更高檔的東西，但如果讓他們說出需要它的原因時，相信很多人都說不出個所以然來。

為什麼想要名牌包或豪車呢？因為別人有，如果自己沒有的話，表示自己不夠成功，沒有別人混得好，感覺很沒有面子。所以為了獲得別人的認可和尊重，自己要得到它。如果別人沒有，自己也要率先擁有它，以顯示自己是比別人更加成功，以此滿足自己的虛榮心和攀比心。

雖然有人說過：「做人如果沒有夢想，跟鹹魚有什麼分別？」但我們還要清楚一點，志大才疏只會令人更快走向墮落和滅亡。因此，我們要學會控制自己的欲望，簡化自己的想法和生活方式，好好把握時間來提升自己的內在。要記住，花若盛開，蝴蝶自來。

#顛倒看人性，逆向看人生

這世上本來就沒有什麼神話，所謂的神話，不過是常人的思維所不易理解的平常事。普通人和高手的核心區別，就是思維模式不同。我經常跟學員說，要學會顛倒看人性，學會反向思考。接下來，我們深層次來剖析一下高手都具備的思維——逆向思維。

逆向思維也叫反向思維，它是人們對一些司空見慣的、已成定論的事物或觀點反過來思考的一種思維方式。客觀世界存在著互為逆向的事物，人們在思考問題時，常常從習慣的、常規的方向去思考，這種方式叫作正向思考。這樣有時能找到問題的解決方法，有時卻未必。逆向思維或許能帶來意想不到的功效。

哈桑借據法則

一位商人向哈桑借了兩千金幣，並且寫了借據。但快到還款期限時，哈桑突然發現自己弄丟了借據，這讓哈桑焦急萬分，因為他知道，丟了借據，向他借錢的人是會賴帳的。哈桑的朋友納斯列金知道此事後，靈機一動，對哈桑說：「你給這個商人寫封信過去，要他到時候把向你借的兩千五百金幣還給你。」

哈桑聽了迷惑不解地問道：「我丟了借據，要他還兩千金幣都成問題，怎麼還能向他要兩千五百金幣呢？」儘管哈桑沒想通，但還是照辦了。結果信寄出以後，哈桑很快收到了回信，借錢的商人在信上寫道：「我向你借的是兩千金幣，不是兩千五百金幣，到時候就還你。」

這個故事很好地詮釋了什麼是逆向思維。哈桑弄丟了借據，按照我們常規的思維，被借款人一旦沒有了借據，借款事實成為存疑，對方可能就會賴帳。對此，哈桑感到手足無措，甚至都做好了對方不認帳的準備。但哈桑的朋友納斯列金打破了慣性思維，而是逆向思考，通過讓借款人提供這個借貸關係存在的資訊，從而證明了借款事實，可謂高明至極。

亞馬遜創始人貝佐斯的高招

我崇拜的眾多企業家中，其中一個就是亞馬遜的創始人貝佐斯（Jeff Bezos），因為他太厲害了，甚至可以說是地球上的「異類」。

他在三十歲時，不顧勸阻，決然放棄華爾街光鮮亮麗的工作，拿著父母給的三十萬美元做「風投」，開始了自己的創業之路，創辦亞馬遜。僅用了二十四年，他就將亞馬遜打造成了龐大的「商業帝國」，旗下擁有八十萬名員工，公司全球年銷售額最高達到一千億美元，市值超過一・八萬億美元，名列全球前十五大經濟體。而他自己也成為現代歷史上第一位財富超過一千億美元的人，連續三年蟬聯全球首富榜榜首。

他是如何做到這一切的呢？他顯然有很多屬於自己的哲學，但是我這裡要說的是，他所具有的，與其他做出重大成就的人所共通的哲學——逆向思維。

貝佐斯創立亞馬遜初期，也曾多次思考亞馬遜接下來的發展方向，可當大家都在依據變化而進行創業，擔心自己的商業模式會被新技術和新模式的崛起而迅速顛覆，過分關注變化的時候，他卻打破常規，提出了一個問題：「未來十年，什麼是不變的？」

伴隨著這個思考，他明確了在零售業裡三件非常普通但不會改變的事情：低價、更快捷的配送、更多的選擇。貝佐斯認為，即使再過十年也不會有客戶跳出來說：「貝佐斯，我愛你，我愛亞馬遜，但我希望你的商品價格再貴一點，我希望你的配送再慢一點。」

所以在貝佐斯找到了這三件不變的事情後，他就將亞馬遜絕大部分資源都投入在做好這三件事上。最終，亞馬遜的發展也證明了他的決策是多麼成功。

查理．蒙格：總是反過來想

除了貝佐斯，查理．蒙格（Charles Thomas Munger）最習慣用的思維方式也是逆向思維。在《窮查理的普通常識》（*Poor Charlie's Almanack*）中有這樣一句話：「如果要明白人生如何得到幸福，首先研究人生如何才能變得痛苦；要研究企業如何做強做大，首先研究企業是如何衰敗的。」這充分證明了查理．蒙格的逆向思維。

曾有人問蒙格是如何獲得今天的成功的，他笑道：「反過來想，總是反過來想。」很多人覺得這只是他的說辭，但其實並非如此。如果你有去充分瞭解蒙格的一生，你會發現，他不只是這樣說，而且一生都在這樣踐行。

很多人都習慣去分析別人的成功，但是查理在他的一生中，持續不斷地收集並研究各種各樣的人物、各行各業的事蹟，並且重點總結和吸取前人的教訓，將其失敗的原因排列成正確決策的檢查清單。查理從不試圖成為非常聰明的人，而是避免變成「蠢貨」，這使他在人生、事業的決策上幾乎從不犯重大錯誤，久而久之，他自然就成功了。

這種思維很有意思，也蘊含著很深的人生哲學，可惜被大多數人都忽視了。這就像賺錢這件事，我們很多人都想要賺更多的錢，可到最後，總盯著錢的人，往往都賺不到錢。於是很多人都覺得賺錢很難，可是，事實真的如此嗎？

著名舞者楊麗萍有一次被採訪時說出了不同的見解，她說：「我覺得賺錢很容易啊，難的是把一件事堅持做到極致。你把這件事做到極致了，賺錢是無比輕鬆的事。」這其實不也是一種逆向思維嗎？

◇

很多人可能覺得這些成功人士的成就遙不可及，自己並不是某個集團的老闆，也沒有撬動資源的本事，逆向思維在自己的平凡生活中用不到。其實在我們的日常生活中，如果你具備逆向思維，便能更高效地解決遇到的一些難題。困難之所以於我們而言是困難，是因為我們用常規思維去審視它，無法跳出固有思維。但逆向思維則是用不同的角度看待問題，那麼原本令你苦惱許久的事，在另一個角度下，或許就不再是困難或問題了。

一個小夥子晚上到某銀行ATM機存款，碰巧ATM機發生故障，他的一萬元被吞。他當即聯繫銀行，卻被告知要等到天亮。畢竟丟錢的是自己，他是一刻都等不了。於是他絞盡腦汁地想啊想，突然靈機一動，想出一個辦法。他使用公用電話打電話給客服，說「ATM機多吐出三千元」，結果五分鐘後，維修人員趕到。

很多人看過這個故事吧，雖然這極可能是虛構的，但也是逆向思維的一個很好的說明。我們要學會顛倒看人性，人們往往更關心與自己有關的事，關心自己的利益。ATM機吞了個人的錢，工作人員可能不會馬上來解決問題，畢竟這件事最大的利益相關人是個人。但是如果ATM機多吐出了三千元，事情的性質就完全變了，銀行成了最大的利益相關人，於是對方馬不停蹄地趕到了。

比如你家裡的東西很多，想扔掉一些卻又不知道扔哪些，怎麼辦？高明的收納師會告訴你，不要去考慮扔什麼，而是思考想要留下什麼，這會讓你更容易做出決策。再比如擇偶這件事，如何找到一位優秀的伴侶？其實查理．蒙格已經給過答案了，他說：「首先你要成為一個優秀的人，因為優秀的伴侶並不是傻瓜。」所以，不要去考慮別人哪裡優秀，值得自己喜歡，而是考慮自己哪裡優秀，值得被喜歡。

這就是逆向思維，假如你不知道自己想要什麼，那就去思考自己不想要什麼。我經常說，一個人能力的大小就體現在他面對事情有沒有更多的選擇上。那麼如何有更多的選擇呢？這就要求你的思維角度要多，而逆向思維可以幫助你實現這一點。

人有懶惰的天性，一旦你經常走一條路回家，你就會習慣性地只走那一條路。但你得明白，實際上去你家的路很多，而且一定有一條路比你現在走的路要近。學會逆向思維，獲得更多的角度，開拓自己的認知，你才能奪得先機，立於不敗之地。

第五章

知己更知彼，把握關係主動權

#不言不語間看透對方心思

人類是一種奇怪的動物，很多時候表面說著一個想法，其實內心的真實想法卻是另一個。人們往往不習慣直接說出自己的真實意圖，這就意味著我們在關係中要學會找到對方心靈的窗戶，主動去瞭解對方。看看你有沒有遇到過下面這些場景和困惑。

1. 在職場上，同事似乎沒有多麼努力，也沒有過硬的本事，卻在公司裡混得如魚得水，上至長官，下至清潔阿姨，人人都喜歡他，升職加薪也少不了他。

2. 你在商場買東西，這時碰到一個銷售員向你推銷，你聽完介紹後對這個產品一點都不感興趣。可是當迎面走來另一個銷售員向你介紹相同的產品時，你反而開開心心就買單了，還要不停地感謝他。

3. 很多男人總說「女人心，海底針」，他們常常不知道自己的妻子到底在想些什麼。明明是眼前一點雞毛蒜皮的事情，妻子似乎總是一言不合就把十年前的陳年往事搬出來。吵一次架就像一場戰爭，兩敗俱傷。吵到最後，男人也不明白妻子到底為什麼發那麼大脾氣。

如果你也有過上面這些困惑，接下來的內容一定要好好看。有人說，這世上最難把控的就是人。因為很多人根本就不瞭解「人」，這就導致本來很簡單的事情，卻因為不能洞悉對方內心真正的想法，而陷入「誰對誰錯」的漩渦裡，彼此傷害，事態朝著不好的方向發展。那麼，到底有沒有什麼方法可以讓我們理解對方心中所想，輕鬆拉近與對方的距離呢？這就是我們要分享的祕訣：薩提爾冰山原理。如果你能夠系統地學會並運用這套原理，讀懂一個人將不再是難題。

冰山原理是薩提爾（Virginia Satir）提出的一個概念。她將人的自我比喻成一座漂浮在水面上的巨大冰山，能夠被外界看到的行為或應對方式，只是露在水面上很小的一部分。在水面之下更大的山體，則是長期壓抑並被我們忽略的內在。薩提爾將冰山分成七個層次：行為、應對方式、感受、觀點、期待、渴望、自我。

冰山層一：行為

行為位於冰山的頂端，是我們五官直接能覺察到的部分，是來自他人和環境的資訊。比如，一個人在悲傷地大哭，在開心地打麻將，在憤怒地叫罵。這些都屬於行為層次，是我們最容易看見的部分，也是最容易出錯的部分。

我曾經問學員：「假如有一個老者，衣衫襤褸，蓬頭垢面，坐在花園邊的石階上抽菸，你覺得他是什麼人？」「肯定是個流浪漢」、「應該是精神不正常」、「也有可能是隱藏的富翁……」我的學員給出了各種答案，但是這個老者到底是什麼人？其實，我們只有去詢問後才能知道，而上述的猜測都是我們通過外在行為初步判斷的結果。很顯然，很多人往往會從一個人的行為去評判這個人，這樣做雖然最容易，卻也是最容易出錯的。

冰山層二：應對方式

我們回應外在情境的方式，就是應對方式。薩提爾認為，人們往往有四種常見的應對方式。

1. 討好

這類人總是對別人和顏悅色，希望每一個人都對自己滿意。他們總感覺自己不夠好，本質就是自我價值感很低，一旦出了問題，他會認為都是自己的錯。討好的人常有的心理活動是：這是我的錯，我不值一提，我不能生氣。

2. 責備

這類人剛好和採用討好姿態的人相反，他們會強烈維護自己的權益，會為了保護自己而充滿攻擊性和暴力。他們傾向於挑剔別人的錯誤，把一切都歸咎於別人。責備的人常有的心理活動是：我絕不能讓別人覺得我好欺負或者軟弱。

3. 超理智

超理智的人往往比較沉悶，讓人覺得冷漠，甚至有點兒不通人情，他們最擅長的就是引經據典地講道理，拚命證明自己的觀點是正確的。因為很少觸碰自己的情感，所以他們對別人的情感也不敏銳。超理智的人常有的心理活動是：一個人必須冷靜、鎮定；說話要有客觀依據，事實勝於雄辯；情緒化是不對的。

4. 打岔

打岔的人和超理智的人正好相反，他們的想法不斷變換、富有創造性，希望能夠在同一時間做無數件事。他們會用很多方式吸引別人的注意力，給人的感覺總是快樂的、樂觀的，很討人喜歡。因為他們的出現會打破很多僵持或者不愉快的局面，就像群體中的開心果，但很難將注意力集中在某個嚴肅的話題上。愛打岔的人常有的心理活動是：沒有人會關心這個。

為了更清晰地講解這四種應對方式，我們用一個具體情境來分析：業務員因為沒有完成銷售任務被經理叫進辦公室，經理生氣又失望地說：「之前你的業績都還可以，這次怎麼搞的，業績搞成這樣？這是怎麼回事？」

採用討好應對方式的人會說：「長官，對不起，錯都在我，是我沒有做好工作……」他完全不為自己爭辯，即使原因不在他，在面對批評的時候，他也會將所有責任攬到自己身上。

採用責備應對方式的人會說：「長官，你這樣說，我覺得很難理解，我已經很努力了，但是這次的客戶完全就是不可理喻，一會兒要求降價，一會兒要求我們提前供貨，提出一大堆不合理的條件……您應該知道。」他會保護自己的利益，把錯誤都歸咎於別人。

採用超理智應對方式的人會說：「事情是這樣的，近來競爭對手不斷增多，我們的價格變動也過於頻繁。同時競爭對手推出了更有優勢的新產品，所以我們的銷售業績沒有下降就不錯了。接下來，我們需要公司給予更大的支持，如市場部做一些促銷活動……」他會不帶感情色彩地去分析現狀，並提出解決方案。

採用打岔應對方式的人會說：「哦，是的，您說得對！我下次改正。」然後轉身出門，就去滑手機了……

為什麼不同的人有不同的應對方式呢？每個人的應對方式形成於自己的童年。我們在生命之初最先建立的關係就是和父母的關係，我們會通過父母的觸摸、言語、行為等方式來理解他們傳達的資訊，並以此為基礎形成我們應對外界的方式。比如討好這種應對方式的形成源於我們童年時做出討好父母的行為，可獲得父母的認可或者獎勵，我們接收到的資訊是討好這種模式是有效的，於是成年後也會用這種方式來應對生活中的其他人。

冰山層三：感受

感受本質上是指我們的情緒和情感體驗，生氣、憤怒、委屈、悲傷、快樂等都隸屬於感受。那麼我們的感受是如何產生的呢？

基本上來源於兩個維度：第一個維度是對當下事件的情緒體驗，比如孩子沒有按照父母的要求去做事，結果父母很生氣。第二個維度是對當下狀態的情緒體驗，也叫作對感受的感受。比如，父母對孩子的行為感到很生氣，同時對自己感受（當下只能生氣卻沒其他辦法的狀態）的感受是無力感。再比如，我們因為某件事產生了生氣的感受，但是我們往往被教導生氣是不好的，所以我們會認為自己不該有這種感受，進而產生了對感受的感受，也就是對生氣的感受感到羞愧。

值得一提的是，很多人往往還會用行為來表達自己的感受，比如生氣的時候罵人，傷心的時候哭泣。他們的行為很容易被捕捉到，背後的感受卻往往被忽視。比如妻子總是挑剔丈夫：衣服不疊好、手機聲音過大、做飯不好吃……其實都是借用這種胡攪蠻纏的行為來表達自己的感受。這顯然只會讓事情變得更糟，如果我們能及時覺察到自己的感受，並且直接向對方表達，這樣的溝通效果要好得多。反過來，我們在與人相處時，當然也要通過對方的表面行為，去解讀行為背後的感受，更好地理解別人。

冰山層四：觀點

觀點是我們對事件的解讀方式，它往往是感受的先驅。也就是說，我們對一件事有怎樣的觀點，就會產生相應的感受。比如學生不聽話，老師會形成這樣的觀點：現在的「零零後」都被照顧得太好了，沒大沒小，不懂得尊重師長。在這種觀點的引導下，老師就會很生氣。需要注意的是，我們所形成的觀點，存在很大的侷限性，甚至不合理。有兩個因素會影響觀點的形成。

第一，觀點是在現在和過去的經驗結合下產生的，而不只是根據此刻所見所聞的事實。比如，我們父母那一輩見證了太多通過讀書改變命運的人，所以即便現在的社會環境已經和以往大不相同，他們還是秉持著「讀書是唯一的出路」這樣的觀點。再比如，很多人在人際關係中總是傾向於討好，在他們看來只有多付出一些，才能讓關係更和諧，這是因為在童年時，他們通過討好的行為從父母那裡得到了更多的關注和愛，所以童年時形成的經驗會一直影響成年後的行為模式。

第二，我們往往會根據有限的資訊來形成觀點，觀點會受到我們的期待與渴望的影響。比如父母從來都沒有抱過自己，便將之解釋為自己不值得愛；比如同學欺負自己，便將之解釋為自己很笨或不受歡迎。這種解釋毫無疑問並不合理，有著很大的主觀性。一旦這樣解讀，我們的自我價值感，也就是對自己的看法與感受就會受到影響。

我和妻子剛戀愛的時候總是爭吵，為了證明自己是對的，我們甚至會翻舊帳，結果各自都聚焦在證明觀點的對錯上，而忽視了原本引發爭吵的事情。這種為了對錯而進行爭論的行為，其實也是在觀點這一層面爭論。只有意識到自己的觀點是如何形成的，並尊重和接受每個人必然有屬於他們的獨特觀點，很多時候才能避免矛盾，更好地理解彼此。

冰山層五：期待

期待是一種個人的具體需求，它包括三方面：我對自己的期待，我對別人的期待，我認為的別人對我的期待。所有的期待背後都是未被滿足的渴望，這些渴望往往已經伴隨我們很久，如果一直得不到滿足，它們甚至可能跟隨自己一輩子。

我朋友小林的家裡很有錢，從小父母就送她去學習琴棋書畫，希望把她培養成多才多藝的女孩。無奈，小林在各方面都表現得資質平平。母親總是數落她、否定她，她雖然很難過，但也不敢反抗。後來，小林被母親逼著去國外留學，回來後，母親又為她安排了一份高薪但輕鬆的工作。

在別人眼裡，這一切都很值得羨慕，但小林卻很悲傷，她覺得自己就是在為母親而活。小林期待被認可、被陪伴、被溫柔以待的需要都沒有被滿足，這讓她產生了低自尊、痛苦、自我傷害和貶低的感覺，認為自己是一個不值得被愛、一無是處的人。

不幸的人要用一生來治癒童年，其實很大程度上都是因為有太多的童年期待沒有被滿足。為什麼我們跟別人相處的時候，總會出現各種矛盾？很多時候都是因為我們只看到了對方表面的行為，卻沒有看到行為背後的期待。比如丈夫在公司被上司批評了，心情很糟糕，回到家後希望妻子能安慰自己。可是妻子根本沒有看到他的需求，於是丈夫就故意拍桌子，挑剔飯菜不好吃，希望妻子能關注到自己的情緒。可是妻子只會感覺丈夫莫名其妙，甚至會為此大吵一架。丈夫沒有一致性地表達自己的期待，妻子也沒能從丈夫的行為中讀懂他的期待，夫妻矛盾一觸即發。

冰山層六：渴望

渴望是人類共有的基本生存需要，期待的本質其實就是未被滿足的渴望。根據馬斯洛（Abraham Maslow）的層次需求理論，人類共同的心理需求有五類，分別是生理需求、安全的需求、歸屬和愛的需求、尊重的需求、自我實現的需求。

有位老人，她的老伴不久前剛去世，但子女都很孝順，不僅逢年過節齊齊圍在老人身邊，平時也經常回家探望。可是老人的脾氣卻變得越來越糟糕，動不動就生氣，總是無理取鬧，搞得子女不知所措。他們覺得已經對老人很用心了，吃穿用度什麼都不缺，不明白老人哪兒來的這麼多情緒。

其實子女只是滿足了老人最基本的生理和安全需要，讓老人老有所依、衣食無憂，但老人更深層次的需求是希望被陪伴和關注。老伴去世了，老人的內心深處是很孤獨的，她渴望的是孩子們能抽出更多時間陪自己，給自己更多的關注。可是子女們意識不到老人真正的渴望，老人就通過沒事找事、發脾氣等方式試圖讓他們意識到。

冰山層七：自我

冰山的核心或基礎是自我，它決定了我們與自己和世界的關係。我們終其一生都在修行，其中一個重要課題就是了解自己，知道自己真正想要的是什麼。很多人活得渾渾噩噩，覺得人生沒有意義，做的很多事都不是源自內心的熱愛，所以總是感覺身心疲憊，這都是因為沒有認識清楚與自我的關係。

張先生前兩天剛過了四十五歲生日，那天很多朋友都來為他慶賀，可張先生卻鬱鬱寡歡。最近幾年，一直幹勁十足的他突然感到危機四伏，整天打不起精神，身體也總感覺不適。自己一直寄予巨大期望的工作，好像也突然變得索然無味，甚至連升遷也不能讓他高興。雖然自己在別人看來算是成功人士，可是他自己不這樣認為。隨著年齡的增長，他越發覺得多年來都在自欺欺人，自己不過是為了滿足他人的期望，故意表現出對事業感興趣罷了。他感覺自己一直戴著虛偽的面具生活，他並不清楚自己真正想要的是什麼。

很多人都活在自己的幻想裡，總是想著世界能夠如自己所預期的發展，總以為自己能掌控一切，其實是沒有搞清楚自己和世界的關係，沒有區分自我和外在。只有真正覺察到當下的那個「自我」是怎樣的，才能找到問題的根源，並在此層面上做出一些改變。這就像很多人總是無意識地對同類事件做出相同的反應，只有意識到這種模式後，才有可能在遭遇類似的事情時跳脫本能的束縛。

如何利用冰山理論，讓自己更受歡迎

為了更好地理解冰山理論，我們再來分析一個具體的情境：某天上班，小王發現自己的電腦被打開了，桌面上放著一些陌生的文件。此時，小王非常憤怒（這是他的感受）。然後他大聲對周圍人吼道：「到底是誰動了我的電腦？」（這是他的行為）。他的行為和感受背後的觀點是：在沒有經過我的許可前，任何人都不得打開我的電腦。

與觀點相對應的期待是：如果有人要用我的電腦，必須事先得到我的許可。期待來源於這樣的渴望：我希望被尊重，渴望在安全的環境中工作。在自我層面，他那一刻的自我價值感很低，沒有得到同事的尊重。

這樣一個簡單的行為，其實就涉及很多層次的資訊。如果我們不能理解這些層面，只看到表面的行為，就容易跟對方「擦槍走火」，很難建立友好關係。

那麼在日常的交際溝通中，我們該如何利用冰山理論讓自己更受歡迎呢？薩提爾模式強調一致性，一致性的溝通意味著我們要同時關注到自己、他人和環境，並做出最適合的回應。

當事情發生時，你是否注意到：

對方的內在發生了什麼？他的冰山是怎樣的？

你周圍的現實環境是什麼？你與環境的關係如何？你的內在發生了什麼？你的冰山是怎樣的？

丈夫下班回家興沖沖地對妻子說：「告訴妳一個好消息啊！我升職了！」這時候，丈夫的冰山是怎樣的呢？丈夫興沖沖的行為背後，是興奮和開心的感受。他的觀點是：升職意味著事業的進步，是能力的體現。他的期待是：我要和家人分享這一喜悅，讓他們也高興。他的渴望是：得到家人的認可和讚美。他的自我是：這一刻我呈現了一種高能量的生命狀態，自我價值迅速提升！

如果妻子能夠看到丈夫的冰山，意識到丈夫真正想要的是認可和讚美，她就能以丈夫期待的方式回應他：「你真棒！我為你感到驕傲！看到你取得的成績，我們都很開心。」這樣，夫妻間的感情也一定會很好。

但是，如果妻子是這樣回應的：「這點成績就把你高興成這樣，都不看看自己多大年紀了。你看看那個誰，比你年輕那麼多，已經坐上處長位置了。」那麼，妻子的冰山又是什麼呢？

也許她內心也曾渴望得到丈夫的肯定，但是丈夫並沒有滿足她的期待，所以當丈夫需要被肯定的時候，妻子也不願意滿足他。又或者在她的觀點中，鞭策比鼓勵重要，她想時刻提醒丈夫還有人比他更好，要時刻保持努力。這些都是行為背後的資訊，如果夫妻雙方都只能看到彼此的行為，而不去瞭解行為背後各個層次的資訊，那麼夫妻關係就會面臨很多衝突。

冰山理論給我們帶來的啟發是：當我們看到對方的冰山後，要有意識地選擇自己的行動和應對反應。我們不妨認真反思一下自己平時是如何跟別人溝通的。

很多時候，我們與某些人無法好好相處，真正的核心原因是自己不具備冰山思維，看不到別人的冰山，不能理解別人內心的訴求。冰山理論能讓我們的內心開闊起來，就好比捅破了一層窗戶紙，讓我們更完整地看到外面的世界，活出人間清醒。

#搞懂對方的認知地圖，溝通才有話語權

假設你喜歡喝咖啡，我卻喜歡喝茶，那麼你來到我家的話，我應該請你喝什麼呢？這個問題內藏玄機，我稍後為你揭祕，先看兩個案例。

案例一：前腳升職、後腳降職的悲催男小明

小明大學畢業後到一家私企工作，為了實現心中的夢想，他兢兢業業，非常用功。就這樣苦熬了幾年，上司終於看到了他的努力，提拔他做自己的副手。可是才上任一星期，小明就被降職了！事情是這樣的，雖然小明很努力，但是個慢性子，做事憑感覺，不喜歡揣摩別人心思，可上司卻是個雷厲風行的人，凡事看資料和圖表說話。每當與小明溝通，兩個人總是說不到一個頻道上，一週後上司找藉口把小明降職了。

案例二：固執男的「自討苦吃」

「我們還是分手吧，我們不適合……」

「動不動就提分手，我不就是讓妳晚上少吃點燒烤而已。」

「呵呵……」

在一個夜黑風高的晚上，小胖的女友收拾好行李，在凌晨一點四十五分的時候摔門而

去，留小胖一人在房間裡呆坐。而說起事情的起因，簡直不值一提！下班後，小胖回家和女友一起愉快地吃晚飯，沒多久，聽到了一陣敲門聲，打開門一看原來是外賣小哥，小胖接過外賣，拆開一看發現又是燒烤。出於對女友的關心，小胖說道：「妳怎麼又吃燒烤，這東西不健康，再說咱們不是剛吃過飯嗎？」女友馬上說道：「我吃點燒烤怎麼了，怕花錢啊？我自己點的，又沒用你的錢。」小胖一聽，脾氣一下子就上來了，嚷嚷道：「平時妳沒花我錢嗎？我說妳是為妳好，燒烤吃太多好嗎？」

女友一看胖子嗓門提高了，她瞬間也有情緒了：「你別解釋了，不就是怕花你錢嗎，直說啊……」就這樣，小胖自以為是的關心沒有讓感情更濃，而是讓事情發展到了開頭的那一幕。

為什麼兢兢業業的小明卻被降職了？為什麼明明是為女友著想的小胖卻鬧到了分手的地步？很大程度上是因為他們陶醉在自己的世界裡，不懂得用對方認可的溝通方式去交流。

見人講人話，見鬼講鬼話

回到開篇的問題：你來我家做客，我到底該請你喝什麼呢？這就要看我的目的了。假如我很討厭你的話，那麼我什麼都不給你喝，或是給你倒杯白開水就好了；假如我的目的是要讓你喜歡我、尊敬我的話，我就應該請你喝你喜歡喝的咖啡。那我們到底該如何做才能走到對方的內心世界呢？其實，有一句俗語早就道出了精髓：見人講人話，見鬼講鬼話。那如何知道對方是人還是「鬼」呢？

我們從小通過視覺、觸覺和聽覺來接收、搜集和加工這個世界的資訊，每個人都有更擅長的通道，根據這一點，人可以分為三類：視覺型、觸覺型、聽覺型。

視覺型的人通常有以下的特徵：講話快，就像機關槍掃射一樣，聲調高，語句短，說話時喜歡比畫。當你問他一個很重要的問題時，不要只問昨天晚上吃了什麼，而要問他需要用頭腦去想的問題，比如：你覺得人生短短幾十年，終歸一死，到底有什麼意義呢？通常，在回答你的問題之前，他的眼睛會先向上看，好像在找東西一樣。問題越難，他就會看得越久，眼睛向上看能刺激頭腦後部的視覺神經。

觸覺型的人和視覺型的人剛好相反，這類人講話慢，聲調低沉，喜歡停頓，並且喜歡做出一些肢體動作。當你問他一個重要的問題時，他的眼睛常常不是向上看，而是向下看。在這裡分享一個通過行為來瞭解對方心理的小技巧，比如你問到朋友傷心往事的時候，如果他的眼睛往上看了一下再和你講話，那可能是在抽取視覺記憶，說明他看淡了這件事，留下的只是視覺印象而已；如果他不敢直視你的眼睛，而是眼睛看向地面和你說話，那麼不管他嘴上說什麼，他的感情可能還一直都在。

聽覺型的人講話不會太快或太慢，聲調不高也不低，是這三類人中最喜歡聊天的。如果你問他一個很重要的問題，他的眼睛不是向上看，也不是向下看，而是向左右看——看向左右能將注意力集中在耳朵。

瞭解到這三類人的特徵後，我們還要瞭解他們分別喜歡的溝通方式。因為每個人的內心深處都是以自我為中心的，所以最喜歡的就是自己的溝通方式。

面對視覺型的人，我們的語速要盡可能快，這樣才能匹配他的節奏。另外，視覺型的人喜歡用眼睛來溝通，所以要盡可能通過圖片、說明書、樣本或電腦視覺效果等來傳達更多的資訊。假如你是一個汽車銷售員，顧客是一個視覺型的人，那就一定要讓他看到車的形狀、顏色等具體實物，他才有更大的可能性去下單。

面對觸覺型的人，我們講話的速度就要慢下來，另外，也可以嘗試互相有一些肢體的接觸，比如當他觸摸你的手，你就試著把另一隻手伸出來觸碰他。

面對聽覺型的人，我們的鼻音不要太重，聲調不要過於尖銳，因為他們的耳朵較敏感。洽談或閒聊時可選擇較靜的地點，這種人很喜歡聊天互動。切記避免只有你在講，或者只是他在講。他既希望能夠聽到你的聲音，同時又要聽到自己的聲音。假如你是一個汽車銷售員，顧客是一個聽覺型的人，那就一定要讓他聽到汽車引擎的聲音。

瞭解到這些，當我們再遇到不同類型的人，就可以有意識地選擇對方喜歡的溝通方式進行互動。

因人而異的大腦地圖

我們要與形形色色的人交往，因此沒有一套固定的標準可以套用。只有我們開始從自身改變，針對不同的人採用靈活的策略，才能占據主動地位，立於不敗之地。一味地抱怨別人，抱怨外在環境，只能讓類似的問題接踵而至。關於溝通，我們再來看一個故事。

我在金華待過很長一段時間，基本上遊玩過那裡所有的景區。就在前幾個月，有個朋友剛好來金華出差，我們倆曾經共事過，難得有機會能相聚，自然要喝幾杯。而我們在聊天的時候，卻因為一件事有了分歧，彼此都堅持己見，試圖說服對方。起因是關於金華的一個景點——黃大仙。

我只去過一次，就再也沒去過。那是在去年夏天，我和幾個小夥伴打算開車過去，白天觀光，晚上一起燒烤。因為是週末，路上的車特別多，幾乎找不到停車的地方。我們來來回回轉了好幾趟，都沒有停好車。當時天氣很炎熱，我的心情也很煩躁，汗水不停地流。後來我下車找停車場的工作人員交流，終於成功停下車。

當時，我的包裡還放著一支蘋果手機，打算送給外甥女當作禮物。結果我們在寺廟前的石桌上歇息的時候，不小心把包落在了那裡。等到再回去取時，包已經不見了。我當時非常鬱悶，覺得在聖地不應該有素質這麼低的人。越想越氣，我就找了個理由和朋友告別，自己開車回去了，之後再也沒去過。

當我和這個朋友談到這裡的時候，順口說道：「這地方沒什麼好玩的，小偷多，還不好停車，不如去別處。」結果他很不認同：「沒有啊，去金華，如果不去黃大仙玩，相當於沒來過嘛，特別是在上面吃燒烤特別快意。」後來他又補充道，他上次去的時候人並沒有那麼多，很好停車，他還上香、求籤，還是上上籤。傍晚的時候，他和朋友一起喝啤酒、吃燒烤，特別盡興。

那麼，到底是他錯了，還是我錯了？這就涉及我們對大腦資訊處理模式的瞭解。我們在與外界溝通的時候，大腦需要對外界接收來的資訊不斷地加工處理，就像經過過濾網一樣，這個過程包括三種處理方式：刪減、扭曲、一般化。

1. 刪減

我們每天都通過手機、報紙、電視等通道接收著無數條資訊，而大腦卻無法在短時間內將所有的資訊完全處理掉。所以，大腦會對這些資訊進行慣性篩選，也就是刪減。舉個例子：現在請朝你的正前方看，你能看到什麼東西？你會發現眼前明明有很多東西，你卻只能關注到一小部分。其實，我們的大腦每分每秒都在做著刪減的工作，只不過都是在潛意識層面進行，我們的意識層面是很難察覺的。

2. 扭曲

大腦加工的第二道程式是扭曲。「杯弓蛇影」就是扭曲的結果，扭曲會讓我們對事物產生更多想像的空間，我們甚至會對同一事物產生完全相反的認知。假如你看見一個穿著非常性感、時尚的女人從酒店出來，開著跑車飛馳而去，你能想到什麼？有些人會說她是富家千金，有些人會說她是事業女強人，還有人會猜測她可能是富豪包養的情婦……這一切其實都是扭曲的結果。大腦的扭曲功能會讓我們產生很多的假設和想像，並引發各種各樣的情緒，最終導致我們失去理性。

3. 一般化

人類天生就有學習的能力，我們在這個過程中不斷積累和總結經驗，這些最終都會儲存在我們的大腦之中，並形成一套應激程式。一旦我們再次遇到類似或相同的情境，這些經驗便會自動跳出來為我們所用，這就是一般化機制，也叫作歸納。

一般化過程可以幫助我們節省認知資源，比如我們初次認識一個人，就會將此人的音容笑貌儲存下來，下次見面時能直接將其認出，而不用重新認識一遍。但是一般化也會限制我們的思維，讓我們畫地為牢，比如我們去搭訕一個女生，結果失敗了，我們就得出了這樣的經驗：女生都不好溝通，我天生無法和她們交流，這輩子注定要自己過。

這三條就是大腦處理資訊的模式，它們導致的結果是：我們每個人眼中的世界是片面的、殘缺的、不真實的，是經由大腦處理後主觀搭建的存在。所以，很多看似是真相的東西，往往不是真相，而是大腦刪減、扭曲、一般化後得到的結果。

有學員諮詢：「老師，我對客戶說了這麼多，我感覺我要是他肯定就被說服了，可是對方根本沒有反應，為什麼呢？」其實，這就是因為過於堅持自己的內心地圖。我們所感知的世界都是自我主觀構造的，而且每一個人的大腦地圖都是不一樣的，所以對同樣的事物會有不同的看法和認知。這就導致我們所表述的意圖，往往會被對方曲解，並因此產生偏差。

我們再回到文前的故事：為什麼小胖明明出於好心，卻氣得女友淩晨出走？為什麼同樣一個景區，我和朋友有著不同的認知和評價？因為我們的大腦地圖不同，但如果用自己的地圖「強行吞掉」別人的地圖，讓對方強行接受我們的認知，那誰又願意呢？

掌握大腦的處理模式後，接下來我們來探究思維升級的過程。

用對方的認知地圖讀懂對方

1. 理解層次升級，懂得大腦的反應模式

也許在學習本節內容之前，你從來沒有思考過大腦是如何工作的，自己是如何定義眼中的世界的，人與人的認知差別是怎樣的。但是從今天開始，我們將深刻地認識到：我們所看到的世界都是大腦主觀形成的，每個人眼中的世界都是不同的，很多事情沒有所謂的對錯，這種差異是客觀存在的。以往，當別人和我們有相反意見時，我們的腦海瞬間跳出

的念頭是：他反駁我，跟他作對。**而真正有效的溝通，開始於接納彼此不同的認知。**

2. 本質層次探索，以效果為導向

我們很容易被情緒左右，從而做出與目的截然相反的行為。比如案例中小胖的目的其實是出於好心，想讓女友少吃燒烤，但是採取了錯誤的溝通方式，導致事情朝不好的方向發展。所以，我們要做的就是從表面延伸到本質層次探索，要明白溝通的效果永遠不取決於自己，而是取決於對方的回饋。比如你想讓輟學的孩子重新回學校讀書，就應該選擇孩子聽得懂且聽得進去的方式來交流，而不是自以為是地講大道理。

3. 從懂得到利用，加工外在資訊，達到影響別人的目的

我們還要從懂得的層次延伸到利用的層次。也就是說，在懂得大腦的溝通模式後，我們在向外界釋放資訊時，就可以通過包裝來傳遞積極的內容。比如我們在面試的時候會精心打扮自己，這就是通過精神、幹練的外在形象，給面試官留下正面的印象。

#別人欠你的，他會忘記你；你欠別人的，他會記住你

一個真正活得通透的人，一定有著更高的思維層次，他們能夠看破行為背後的真相，所以活得更坦然、更幸福。在本節中，我們要分享一個非常重要的思維——未完成情結。很多人為什麼總是感覺很痛苦？為什麼還在為過去已經發生的事情懊惱不已，不敢面對更好的明天？就是因為他們的思維一直活在過去，一直被過去的遺憾或未完成的事所折磨。

我有個女性朋友，她的爸爸脾氣特別壞，有暴力傾向，脾氣一上來就動手打媽媽。小時候的她看著這些情景，內心特別想要阻止爸爸，保護媽媽。她渴望爸爸能夠改變，可是那時候，她年紀太小了，根本什麼也做不了。後來她長大了，也到了結婚的年紀，可是令人沒有想到的是，她竟然莫名地喜歡那些有暴力傾向的男人，儘管自己因此遭受了很多折磨，可是仍然初心不改。她覺得自己的人生很不幸，總是遇人不淑。

看到這裡，你是不是感覺很難理解這個女人的做法？其實我也一樣，直到接觸心理學後，我才開始理解。她在童年的時候就渴望改變爸爸，讓他對媽媽好一點。但是她的願望一直沒有實現，因此這個願望一直驅使她找一個有暴力傾向的伴侶，並通過改變伴侶繼續完成童年沒有實現的夢想。

完形心理學與未完成情結

這個過程可以用完形心理學來解釋，也就是說我們傾向於追求一個完整的心理圖形。完整代表著有始有終，如果某件事是沒有結果的、不完整的，那麼追求完整的意志就會一直存在並影響著我們。即便當時被壓制住了，這種意志也不會消失，而是被壓進潛意識中，進而在無形中影響著我們去完成這個過程。

村上春樹有一部短篇小說，叫作《襲擊麵包店》，講述了一對夫妻某天突然醒來感覺特別餓，他們把家裡所有的東西都吃了一遍後，仍然非常饑餓。男人對女人說：「我從來都沒有感覺像今天這麼餓過，真奇怪。」女人也點頭附和。男人突然回憶起了一件往事，他曾經和同夥搶劫過麵包店，當時麵包店的老闆並沒有抵抗，而是請求他們聽自己彈了一首華格納的曲子。

兩個人覺得通過音樂交換麵包總比搶劫違法強，於是就同意了。可是當他們拿著麵包離開時，內心隱隱地感覺到不舒服。男人覺得正是因為這件事，所以他此刻才會感到無比的饑餓，女人也覺得是因此受到了「詛咒」。所以最終這對夫妻帶上工具，又去搶了一回麵包店。

一開始，我讀這篇小說感覺雲裡霧裡，但學習了完形心理學之後就能理解為什麼這對夫妻感覺饑餓就要再搶一回麵包店。因為男人去搶劫麵包店的時候受到阻礙，沒有完成搶劫的行為，搶劫的意志被壓制住了，但這種意志並沒有消失，反而一直縈繞在他的心頭，促使他去完成這件事。最終他們決定「正式」地搶劫一回麵包店，以完成這件未完成的事。

這就是未完成情結的強大作用。有句老話叫作「不撞南牆心不死」，為什麼明知道是南牆，還要去撞呢？這其中就有意志的作用，如果這件事是不完整的，你的自由意志就得不到充分展示，內心就會覺得有遺憾，從而有股力量推動著你去完成。未完成情結還能部分解釋小孩子的多動症。小時候，父母告訴孩子不能做這個，不能動那個，結果孩子的意志受到阻礙，無法展現出來。這些意志越積累越多，等到壓制不住的時候，孩子就會在同一時間內做很多件事來滿足被壓制的欲望。

得不到的才是更好的

未完成情結在戀愛中也有所體現，真正的情感高手會引導對方為自己多付出一點，為什麼呢？因為一個人付出多了，就代表著在對方的身上投入了更多，進而更想得到一個結果。那麼為了得到這個結果，他就會越來越離不開對方，最終陷入被動狀態。古羅馬詩人奧維德（Ovid）在名著《愛經》中描述過這種技巧，他奉勸戀愛中的男子：你可以慷慨許諾，讓對方以為她可以得到很多，並先給予你回報。但是，你只給出許諾的一小部分，總之要低於她的「回報」。她看到自己的意志沒有得到相應的回報，但同時又相信你的許諾是真心的，於是她會加大投入的力度，以換取你兌現承諾。然而這樣一來，雙方的投入進一步失衡，她的內心就會更加不甘，於是繼續加大投入力度，最終形成一個惡性循環。

所以，我們常說「得不到的才是更好的」，得不到的東西對我們有一種意志的「勾引」，越是沒有完成，就越是抱有遺憾，它對我們的吸引力就越大。選舉的過程也是一樣，一旦民眾對於一個候選人投入了自己的意志，無論這種意志多麼渺小，都會對他產生影響，讓他渴望看到這個候選人獲勝。因為候選人當選就意味著自己的意志勝利，迎來了完整的結果。

我有這樣一個女學員，她在婚後為了協調好家裡的關係而選擇一味付出，儘量包辦家裡的大小事務，她以為這樣做能夠換來老公和婆婆的認可，可結果卻讓她很委屈。婆婆並沒有因此高看她一眼或對她更好，反而覺得這些是她理所當然該做的，沒做好還要對她橫加指責。

後來我跟她聊了這個話題後，她頓悟了，回到家後開始改變自己，並通過一件小事讓婆婆對她的態度有所改變。她很喜歡吃婆婆包的餃子，於是特意對婆婆說：「媽，您包的豬肉餡餃子特別好吃，我沒吃過這麼美味的，您能不能再包點，也順便教教我呀？」婆婆自然就答應了，兩個人忙了半天。學員回饋說，第二天婆婆對她就有所改觀，為什麼呢？因為婆婆在這個過程中為兒媳婦付出，並投入了自己的意志，因此她會合理化自己的行為：「我肯定還是喜歡兒媳婦的，她也應該還不錯，要不然我怎麼會給她包餃子呢？」

克里斯・馬修斯（Chris Matthews）在著作《硬球》（*Hardball*）中也寫道，真正高明的政客都懂得，讓選民記住自己的絕招，並不是幫助選民，而是求選民「幫我一個忙」。馬修斯說：「人性是以自我為中心的，如果一個人感覺欠了你的，他會傾向於忘記你。相反，如果你欠了他的，那麼他會一直記住你。」

如何面對未完成情結

面對未完成情結，我們可以有兩種應對心態。

1. 不要掉進未完成情結的陷阱，學會放下

人的一生中會遇到很多阻礙，有很多遺憾，所以不能完成的事情時有發生，如果一直被這些未完成的事折磨，那麼我們的人生注定很悲哀。我們要學會坦然地面對失去，面對悲傷。如何有勇氣面對呢？簡單地說，就是我們要去承認自己的失去，承認自己的悲傷，然後慈悲地允許自己痛苦。當我們接受已經發生的事情，明白它已經成為一個客觀事實的時候，我們的內心才能夠真正放下它。

2. 小心別人用未完成情結操控、影響自己

一旦我們在某件事或者某個人身上投入了自己的意志，我們就會渴望得到結果，渴望

實現自己的意願，這個時候，我們的思維和行為就容易被影響。所以，我們要時常審視自己有沒有被未完成情結所操控。另外，我們還要學會運用這種意志的魔力去影響他人，比如在一段關係中，我們不能夠一味地付出，還要引導對方為自己付出。在社交中，想要消除別人的敵對行為，我們可以先請他幫自己一個忙，讓他在我們身上投入意志。

#吊著他的胃口，他才會對你更上心

你有沒有過這種體驗：明明為對方付出了很多，就差把一顆真心掏出來給他了，但是對方就是不感恩、不滿意，甚至反而覺得你廉價？如果你的答案是肯定的，那麼接下來的內容，你有必要好好看一下，因為它或許能夠解答你的困惑。

說到「付出」這個詞，其實我們每個人都再熟悉不過了，我們從小就被灌輸著「只要你付出了，對方終究會被感動的」、「只要你為別人好，別人也會為你好」等各種思想。經過長期的灌輸，我們都堅信只要捨得付出，就真的能得到我們想要的結果。可是，現實往往沒這麼理想。

試想下，當你為對方付出時，對方就一定會被你感動，接受你嗎？不見得。當你對別人好時，能換來對方對你好嗎？不一定。生活實際體驗讓我們發現：付出一定會獲得回報，這件事的邏輯並不那麼合理。因為看不到這個不合理的邏輯，所以當付出得不到回報時，我們才會失望、絕望，才會痛苦、崩潰。

付出，不是一件簡單的事。瞭解它背後的邏輯，才會讓你和周圍人的關係更和諧。

首先思考一下，你為什麼會選擇付出呢？無非兩個原因，要麼渴望以此提高自己的價值，要麼渴望自己這麼做了之後，對方也能夠如此對待自己，為自己付出。想要達到這兩個目的，只是使勁付出、拚命付出，是不明智的。因為世俗思想所提倡的付出方式，很多時候並不合理。

學會管理別人的期待

那到底該如何提高自己的價值，讓自己的付出更有價值呢？**普通人只懂得拚命付出，高手卻懂得管理別人的期待**。期待值的管理，也叫作閾值管理，是我們對一個人所做行為的一個預期，它在很大程度上影響了人的主觀體驗。

不知道你在生活中有沒有留意過這種現象，就是人們的行為多少會有點「犯賤」，比如總是對那些「對我們不是太好」的人念念不忘。明明他們對我們不太好，甚至傷害過我們，我們怎麼反而對他們念念不忘呢？其實這與期待值有關。我們常常會對他們的期待值較低，覺得他們不會對我們好。如果這時他們對我們真的做出不好的事，我們也不會有很大的落差。但是一旦他們突然對我們好了，出乎意料地為我們做了幾件好事，我們就容易將這個善意無限放大。

這有點像心理學上提到的斯德哥爾摩症候群。簡單地說，假如你被劫匪綁架了，劫匪看到你餓了，給你吃個麵包，你就會對這樣的行為感激涕零。為什麼會出現這情況？因為對方是劫匪，你本來已經認定他們的常規行為是做壞事，是打你、虐待你，堅決不會給你吃的。可是他們竟然打破了你的常規認知，給你吃了麵包，這種出乎意料的好，會讓你很感動。

在電視劇中，我們也經常看到這樣的場面：女主被一群劫匪綁架，她非常害怕，這時候這群劫匪裡面有一個男人對女主比較照顧，女主往往會被這個男人的善意打動，進而忽視「他是劫匪之一」這個前提，甚至還會因對方的小小善意而喜歡上他。

事實上，愛情本身也是一種情緒體驗，那麼這種體驗是如何產生的呢？通過落差。比如，你本來預期他是一個壞人，他所有的行為都是兇狠殘暴的，可是他卻出乎意料地對你示好，流露出善意，這時候心理落差就有了，「好感」這個情緒體驗就產生了。所以，有一個不爭的社會現實就是：做了一輩子好事的好人做了一件壞事，就容易被人唾棄。無惡不作的壞人突然救了人，人性彷彿得到了昇華。

這也是因落差而生。我們具體可以從兩個方面去理解。

越符合預期的事，記憶占比越小

我們的大腦傾向於記住一些對比強烈的事、符合預期的事，你做的事情多，在回憶裡的占比不一定就大。

經常有學員跟我抱怨：「我已經為丈夫付出了很多，完全在為他而活，可我對他那麼好，他為什麼就是感受不到呢？」當妳所做的事情都在對方的預期中時，是不容易引起他的關注的，也不容易在他的記憶中產生巨大的分量。

簡單說，他可以預期妳的行為，自然就不會產生太多的情緒體驗和心理感受。比如，他回家後能預期妳會給他倒杯白開水，給他洗衣服，給他做飯，做好家務……他已經習慣這些了，妳就算再堅持做十年，他心理上的感受也不會有任何的變化。

而最初戀愛時，妳剛答應做他的女朋友，並為他做了第一頓早餐，他或許永遠都不會忘記。因為那時的他對妳的付出並不抱有任何期待，一旦付出，就超出期待，帶來驚喜的情緒體驗。

人們對好人和壞人的預期不一樣

《經濟學人》雜誌曾有過一個非常經典的案例：這家雜誌社針對一個作品想推出網路版形式，於是就找到一個行銷專家做策劃，這個專家最終就做了兩個方案：購買網路版的要五十六美元，購買紙本版的要一百二十五美元。結果使用者大都選擇了五十六美元的網路版。

但是問題同時也來了，紙本版的基本上沒什麼人買了，於是雜誌社又請來一位行銷大師，這位大師做了一個調整，新的方案是：購買網路版的要五十六美元，購買紙本版的要一百二十五美元，購買網路 + 紙本版的要一百二十五美元。結果這次大家基本都選擇了最後一種方案。

為什麼會出現這種情況呢？簡單說就是更貴的方案成了一種陪襯，和划算的方案形成了鮮明的對比，從而影響到人們的感受評估系統，進而影響了決策，這也被稱為「陪襯原理」。其背後的底層邏輯就是二〇〇二年諾貝爾經濟學獎得主康納曼（Daniel Kahneman）所揭示的：人類的主觀感受主要來自對比。

我們的大腦是一個只會對比的大腦，我們的感受都是通過對比產生的。一個人總是做好事，我們就會給他貼上「好人」的標籤，對他的預期也會提高到較高的水準。簡單說，我們看到一個「好人」做好事時，並不會感到驚訝，因為「做好事」是我們對他的預期。當他做出善意的行為時，我們覺得這就是他的本性，符合他給大家留下的期待。所以無論他做多少好事，我們都不會產生很強烈的感受，記憶自然也就不會如以往那麼深刻。

但是一旦有一天他做了一件壞事，這就不一樣了。因為他的行為大大低於我們對他的預期水準，這就產生一種對比，也會讓我們產生非常極端的負面情緒。所以我們講，做好人不容易啊，做了一輩子的好事，不小心做了一件壞事，就很容易被人唾棄。

那麼對於那些「對我們不好的」人來說，我們已經自行把「好」的預期給降低了，我們已經假定他不會做出什麼善意的舉動來了。所以如果他做出傷天害理的事，我們的心裡也不會有太大波動，因為一切都在人的意料之中。

但是一旦對方做了幾件「普通好」的事情，就會在我們的印象中變得「特別好」。為什麼呢？因為他這些行為打破了我們的預期，讓我們很驚喜、很意外。所以我們講，無惡不作的壞人突然救了人，人性會瞬間得到昇華。

很多戀愛中的男人特別害怕過節，非常發愁買禮物。兩個人剛在一起時，男人隨便買件禮物送給女方，女方就會激動不已，感動萬分。但如果兩個人已經談了好幾年的戀愛，每年都要過各種節日，每次都絞盡腦汁想送什麼，那麼節日對男人來說就如同災難了。因為上一次表示過了這一次就不能不表示，而且這次表示的「強度」也必須高於上一次。

比如你去年情人節送女友一個包，那今年不僅要送，還要送一個比去年更貴重的禮物，否則對方會產生心理落差。長此以往，過節就成為男人的負擔了，不僅要想送什麼，還要滿足對方的期待，更重要的是，經濟支出一次比一次大……在雙方的交往和相處中，對方的期待值會建立在一次次的行為上，一次的行為產生一次的期待值，而且越來越高。任何一次的行為如果不能滿足對方的期待，就會導致心理落差。這就是沒有管理好對方的預期，而且還培養了對方的錯誤預期。

如何管理別人的期待

在我看來，核心就是不要讓對方預知你的行為模式，或者說你在讓對方形成期待的時候，要形成一個自薄而厚的趨勢。

一旦讓別人知道你接下來要做什麼，他對你有相應的預期，那麼到時候即便你做到了，對方也不會有很大的情緒體驗，因為他已經預期到了。而且一旦一開始你就表現得太好了，你把自己的巔峰狀態展現給別人了，那麼接下來，對方就會對你產生更高的期待。一旦你未能達到預期，就會對你有「每況愈下」或「其實不過如此」的評價，因為你總不能一直處於巔峰狀態。

我有個朋友，他沒什麼錢，總是吊兒郎當的，但是身邊不缺女朋友，為什麼呢？他就是很會管理對方的期待，製造驚喜。比如女朋友大晚上讓他去一家粥店買粥，他就找藉口不去。然後第二天，或者在某一天，他回來的時候突然帶了粥回來，還揣在懷裡，溫柔對她說：「快喝吧，我記得妳說很喜歡喝這裡的粥。」結果女友就很感動。

他雖然最終還是買粥了，但是這其中差別很大：我要求你，你去買，這是順從，我會滿意，但是不會有驚喜和激動的情緒體驗；我覺得你不會買，但是你自己主動買了，而且是在我不抱任何期待的情況下做的，那麼我會很激動，很驚喜，很感動。

那麼該如何自薄而厚、循序漸進地付出呢？我們可以從兩點入手。

首先，一開始不要製造太高的「基點」，要為向上或變好留有足夠的空間。比如你要讓別人覺得原來你是一個善良的好人，那麼一開始的時候就不要表現得特別好和善良，可以適當地「壞」一點；比如你要讓別人覺得你的付出有價值，那麼一開始可以形成一個稍微「吝嗇、自私」的初始印象；再比如你要幫別人，那麼一開始就儘量讓「對方獲得你的幫助」這件事稍微難一點。

其次，保持上升狀態，每次儘量都稍稍打破對方的原始預期。他本以為你是不會幫助他的，試探著張口向你尋求幫助，沒想到你竟答應了；他本以為你還會像上次一樣，情人節送束花就完了，沒想到你還在家裡準備了浪漫晚餐……當你每次都能稍稍超出一點對方的預期，對方感受到的將是巨大的歡喜，甚至還會顛覆性地重新形成對你的正面印象。

第六章

永遠不要高估別人，也不要低估自己

#誰都不願當傻子，即便真不聰明

你是否注意到生活中總有這些有意思的現象。

我們在入職面試時遇到的困難越多，拿到錄取通知後對公司的認同感就會越強，即使真正加入後發現公司其實並不怎麼樣。在感情上，誰付出的越多，誰就會越愛對方，分手後越難以放下對方。正如那句歌詞：如果女人總是等到夜深，無悔付出青春，她就會對你真。哪怕周圍的人都告訴她對方是個「人渣」，她還是會義無反顧地選擇對方。

買彩券前，我們會對選擇哪張彩券左右為難，一旦做出決策，被選的那張似乎中獎的機率就增加了。

我們喜歡與自己觀點相符的事物，而對於異己或不同觀點有天生的厭惡感。所以，我們總是在找尋證據來支援自己的已有觀點，而對於新觀點，則是內心拒絕，甚至直接過濾掉。

這些有趣的現象到底是如何發生的呢？我們又該如何加以利用，掌控人生？這就是本節要分享的主題：認知失調理論，也叫作酸葡萄理論。

費斯汀格的認知失調理論

這是一個非常重要的理論，用於解釋態度轉變的原因。一九五七年，美國社會心理學家費斯汀格（Leon Festinger）指出，當人類的思想和行為不一致時，就會陷入失調。人類會期望這兩者是一致的，但是由於惰性、利益、權勢等各種因素，改變行為比改變思想困難，所以會傾向於調整思想使其符合行為。人類會聽一些想要聽的話、找尋贊同自己意見的人來減輕矛盾感，修正自己的思想。

費斯汀格以吸菸為例做了說明。一個老菸槍知道吸菸有害身體健康，但是戒菸很困難，他的思想和行為之間就會產生不一致，這就是認知失調。老菸槍可能會找出許多吸菸的好處，比如抽菸會更酷、能減緩壓力等，以此來安慰自己，甚至說：「現在我要開車出遠門，不吸菸的話，我會精神不好，那可能會導致車禍。相比之下，吸菸的危害太小了，所以我應該要吸菸。」

這就是藉口——借他人的口來認同自己，合理化自己的行為，讓思想和行為一致，消除認知失調。我們常聽人講：吃不到葡萄，就說葡萄酸。這也是認知失調，我們在行為上吃不到葡萄，思想上卻又想吃，為了緩和這種失調，我們便開始了合理化解釋，告訴自己：不是吃不到葡萄，而是葡萄酸。

在論證認知失調時，費斯汀格做了一個很有趣的實驗。

他找來一批民眾，把他們分為A組和B組，讓他們說謊話宣傳某產品。對於A組的要求是，只要說謊話宣傳產品，事後就能得到一定的報酬；對於B組的要求是，自己付費或者自願購買該產品。結果是，接受報酬說謊話宣傳產品的A組並不相信廣告宣傳，因為他們是給予報酬才宣傳的；但自己付費或自願買產品的B組往往會相信這些廣告，甚至自願為該商品宣傳，因為他們沒有獲得實際的金錢收益，所以必須自圓其說，避免出現認知失調。

於是，費斯汀格提出了他的結論：假設某人十分相信一件事，並以此信念採取了不可挽回的行動，萬一最後他無法否認自己信仰之錯誤時，他不僅不會消沉下去，反而會產生更堅定不移的信念以獲得自我解釋。

二〇一六年的一天，我的一位叔叔突然來到我家，他滿臉高興地找到我的母親，說自己正在做一個大項目，非常賺錢，想讓母親一起合夥做。母親雖然讀到小學一年級就輟學了，卻是個謹慎的人，就追問叔叔是什麼項目。原來，這個項目是給社區安裝攝影機，只要交五十萬元，就可以成為公司股東，手下有很多員工辦事，自己只要每天坐辦公室，年底靜等分紅就好。

我母親覺得事情沒那麼簡單，這可能是個騙局，她提醒叔叔有可能被騙了，應該趕緊把錢拿回來。可是眼下越是著急勸叔叔，叔叔越是拚命反駁。母親細數很多常見的詐騙套路，叔叔也不甘示弱拿出證據反駁，比如項目是親戚介紹的，他曾去考察過，公司給他辦了金卡（後來他去查證才知道，雖然是金卡，裡面卻沒有錢）。兩人僵持不下，叔叔氣得連飯都沒吃就離開了，並撂下狠話說以後不再來我家，母親也大聲回應「不來就不來」。結局可想而知，直到與騙子失聯，錢打水漂，叔叔才醒悟過來。

面對母親的質疑，叔叔不僅沒有反省自己，反而拚命證明自己沒有被騙，開始維護別人。為什麼？這就是受認知失調的影響，叔叔在合理化自己的行為，畢竟沒有人願意承認自己愚蠢。一言蔽之，承認自己的錯誤很難，誰都不願當傻子，即便真的不聰明。

艾略特的社會心理學實驗

心理學家艾略特做過一個實驗，他發現忍受了讓人超級尷尬的入會儀式才可以加入某個討論小組的女大學生，會覺得自己參加的這個小組及討論非常有價值，儘管事實上，小組成員「要多無聊有多無聊，要多無趣有多無趣」。而入會儀式比較簡單，甚至完全沒有通過入會儀式就參加了討論會的女大學生，則會覺得自己新加入的這個小組「沒意思」。

進一步的研究還發現，當女生需要忍受的痛苦越大，她們就越容易說服自己：新加入的小組及活動非常有趣。這其實和我們之前講的人性背後的價值規律不謀而合：費盡周折才得到某樣東西的人，比輕輕鬆鬆就得到的人對這件東西往往更加珍視。

企業在招聘時故意增加面試和試用期轉正的難度，會提高入職員工的歸屬感；女生在面對男生追求時，多製造一些困難會讓男生更愛自己；很多社群在運營中通常會在成員進群時設置一堆門檻，比如轉發分享截圖等。這都是在利用認知失調操控你的心，讓你服服貼貼。

小美性格內向，大學畢業後一直糾結於未來的發展方向，後來看到很多同學都報名考研究所，她想了想也選擇了這條路。她花了不少錢報名補習班，可是隨著一段時間的學習，她發現自己根本不想要這樣的生活，考研究所也不是自己的內心所想，於是就想要放棄。可是當她看看已經交的學費，並且想到已經向眾人表達了考研究所的決心和想法，沒辦法就又打消了念頭，堅持著混日子到考試那天。結果考試失敗了，她又抱怨自己當初未能果斷放棄，如今反而浪費了時間。

之所以會出現這種情況，也是因為小美掉進了逆向合理化的陷阱。簡單說，我們會不自覺地為之前的付出找合理的理由，讓前期的行為合理化。這是人的一種自我保護機制，我們要維持「我是好的，我是對的」這種良好感覺。小美在考研究所的過程中覺察到這一切不是自己想要的，但是因為前期已經投入了許多，並且跟眾人宣揚了自己的決心，所以即便內心已經動搖，她還是會混日子堅持下去。經濟學上的沉沒成本，其實說的也是逆向合理化。

人都有自我保護的意識，不想直面有缺陷的自己

大家有玩過哈哈鏡嗎？這種特殊的鏡子會讓你看起來扭曲、變形、模樣滑稽古怪，引人發笑。美國心理學博士史蒂芬．史多茲（Steven Stosny）曾經提出，我們的人際交往中存在哈哈鏡效應。當對方指出我們的錯誤或是把我們辯駁得啞口無言時，其實就是讓我們看到了哈哈鏡裡的自己，我們被暴露出各種缺陷，比如自私、無知、愚蠢、庸俗、固守教條等，這時我們自我保護意識的開關就會被瞬間打開，畢竟沒有人希望自己在別人眼中看起來是個笨蛋或者無知的人。為了保護自己，我們開始下意識地去反駁、證明，而忽視客觀

事實。

為什麼我的母親找出各種例子給叔叔分析，叔叔並沒有妥協，反而反駁得更激烈，證明自己沒有錯呢？就是因為母親讓他看到了哈哈鏡中的自己：無知、愚蠢、急功近利。於是他的自我保護開關被觸及，為了證明自己不是這樣的，他開始搜尋對自己有利的證據來反駁母親，以此掩蓋自己的缺陷，結果卻害了自己。

再舉個常見的例子：有些人花了高價格買了一件其實很便宜的東西，當你好心提醒他可能被商家騙了的時候，他們反而會找出各種說辭告訴你，他買的跟假貨不一樣。即便他內心已經被說服自己有可能被騙了，嘴上也是不會承認的，承認就相當於告訴你：我很傻、很無知，所以才會被商家騙。

這一點，詹姆斯·哈威·魯濱遜（James Harvey Robinson）的著作《理智的形成》（*The Mind in the Making*）中也有提及：「我們偶爾知道自己會毫無阻力地改變主意，沒有什麼沉重的心情，但如果有人說我們錯了，我們就會因為對指責的憎恨而鐵下心來。我們在形成信念時很隨意，隨意得叫人吃驚，但當任何人提出要剝離這些信念時，我們就會充滿保衛它們的可怕激情。顯然，並非那些想法很重要，而是我們的自尊受到了威脅……」

通過反駁別人，以減輕「自己沒那麼好」帶來的壓力

不得不承認，我們總會無意識地通過周圍人的行為來衡量自我價值。或者說，我們總把別人的意見看得太重要，害怕在別人面前呈現不完美的自己。所以一旦我們不被認可或者被指出錯誤時，就會開始下意識地反駁、證明。

比如碎碎念的父母一說你不務正業，你就會生氣發火，和他們辯駁，指責他們只關心工作，不關心你；比如你的男友說你太愛發脾氣，這樣人際關係容易出現困局，你就會大發雷霆，指責他不愛你，並且拿出你很容易交到朋友的證據來反駁他。其實，這都是太重視別人眼中的自己，害怕別人會覺得自己不夠好的表現。為了避免出現這種情況，你選擇拚命反駁、指責對方，因為對於我們的潛意識來說，只要錯的是別人，「自己可能沒那麼好」的壓力就會減輕。

這世界上有兩種人：強者和弱者。對於弱者來說，他們更在乎別人的評價，更不願別人說自己不行，所以為了避免別人的指責和建議，他們往往會選擇反駁來「掩耳盜鈴」，麻醉自己。看到這裡，你應該明白了，為什麼很多時候你明明好心勸一個人，對方不僅拚命反駁，甚至還「明知山有虎，偏往虎山行」？這背後是有人性邏輯的，每一個看似不理性的行為，都隱藏著深刻的人性因子。你需要的是看透人性，掌握策略和方法。

#討好別人，就等於得罪自己

你在生活中是一個討好者嗎？

你是否總是過於關心別人的感受、別人對你的看法？

你是否總是說話小心翼翼，不敢表達需求，更不敢提要求？你是否常常擔心自己的某個行為會讓別人不開心，所以常常都選擇委屈自己、犧牲自我？

如果是，你就要小心了，這說明你在生活中充當著討好者的角色。討好者往往有嚴重的內心衝突。因為你的外在一直想要討好別人，跟別人建立和諧的關係，但是你的內在一直想要做真實的自己，這時候，內在和外在的需求不能同時滿足。你雖然可以委曲求全換取別人的開心，但同時也期待別人能在你遇到困難的時候施以援手，給你關愛。而當這個期待落空的時候，你就會陷入巨大的痛苦中。

討好者把討好當作生存工具

那麼，既然討好如此痛苦，為什麼要甘心做一個討好者而不顧及自己的感受呢？其實他們並不是傻，從某種程度上來說討好也是為了自己。在討好者看來，讓別人不開心是一件很糟糕的事，這可以體現在兩個方面上：一是害怕懲罰，擔心對方會指責、嫌棄甚至懲罰自己，比如在工作上找麻煩、阻止晉升、說壞話等；二是害怕對方不再愛自己、喜歡自己，更擔心遇到困難時也沒人願意幫自己。為了避免這兩種風險，他們不得不選擇討好。

事實上，這些所謂的風險，其實大部分是討好者自己臆想出來的，是一種限制性信念。這種信念與原生家庭有關，他們的父母往往比較嚴格，平時也不太關注他們，為了得到父母的愛，他們唯一可以做的就是不停地自我犧牲，期待被父母溫柔以待。他們不被允許表達真實的自己，即使曾試圖表達自己的真實感受，但是得到的回饋往往是被否定、被批評，或者使父母不高興。童年的他們沒有力量依靠自己存活，需要的安全感和愛只能通過父母來獲得。因此照顧好父母的情緒，成為他們唯一的求生之道。但是當他們把一切寄託於外在給予的時候，基本上就喪失了自我的主動權，而且這種被動會一直延續至成年，表現形式就是通過討好來換取愛。

先討好自己，再討好世界

童年時期得到父母無條件愛的人，他們深信自己值得被愛，也有能力愛自己。所以他們不會將需求的滿足寄託於外在，所以即便做一些事會讓對方不開心，他們也沒有那麼害怕。和討好者不同，面對懲罰、指責和孤獨，他們也有底氣表達自己的真實想法，坦然爭取屬於自己的合理利益，而不是一味委曲求全。他們的關注點是聚焦內在，會通過提升自己的價值吸引別人主動付出愛，又能內外一致地表達自己的需求，吸引別人為自己付出。即便沒有得到對方的回應和付出，他們也可以從內在獲取力量療癒自己，享受孤獨，做自己喜歡的事。

對於討好者來說，一定要清醒地認識到，只有先好好愛自己，不再向外索求愛，你才能教會別人來愛你。當然，不再向外求，並非意味著完全和外界隔離。畢竟有很多事情，我們是無法靠自己完成的，必須借助他人的力量。但是如果你為了得到別人的愛，避免被指責和討好而選擇犧牲自己，討好別人，這顯然就是過度依賴。提升內在的能力，學會自我保護，才能不再害怕懲罰和傷害。這就像我們熱愛和平、維護和平，但不代表同意不合理的條款，也不代表懼怕戰爭。

另外，我們在人際交往時依然要顧及別人的感受，這樣別人才願意跟我們相處。但這不代表我們就要一味委屈自己，而是要有一種底氣：**你喜歡我固然很好，但是你不喜歡我，我也可以活得很好，你對我的認可並不是我的生存必需品。當我們有這種心態的時候，才能與他人真正建立平等的關係，而不再是依附關係。**

討好者最需要學習的就是發展出自己的力量。你首先要意識到，現在的你不再是童年那麼弱小的自己，你有能力保護自己、照顧自己。這個改變的過程確實不容易，因為它涉及兩個核心概念：經驗的好處和期待的好處。經驗的好處就是切實體驗過的好處，比如冰淇淋涼爽絲滑，這種感覺是我們真真正正感受到的；比如在炎熱的夏天打開空調，涼風徐徐吹來，我們也可以直觀感受到這種涼爽。而期待的好處是我們並沒有真正體驗到、只是根據想像推斷出的好處。比如我們在理性層面上知道跑步可以鍛煉身體，但並沒有真正體驗和感受過跑步後的感覺。比如我們知道如果未來想有更好的發展，現在就要多讀書，但是並沒有真正體驗到讀書帶來的正面感受。

當我們維持現狀的時候，經驗的好處就戰勝了期待的好處，主導著我們的行為。因為經驗的好處是我們真正體驗和感受過的，我們的潛意識也更傾向於保持在這種狀態，這種感覺更熟悉，而且在大腦看來也更安全。討好者的改變也是如此，他們之所以選擇討好，是因為可以從討好這一行為中得到好處，這套模式也已經被驗證了無數次，比如小時候靠討好獲得父母更多的愛，避免了很多衝突，所以成年後與人交往時，總會不知不覺沿用這套模式。

讓不討好的「暴風雨」來得猛烈一些

那我們到底應該怎樣改變呢？可以嘗試做兩件事。

1. 每當你害怕別人不高興的時候，可以問問自己在怕什麼，別人不高興會出現怎樣糟糕的結果。最好把它寫出來。

2. 思考假如這個後果真的發生，你有沒有能力面對，會怎樣面對。

我們在心理層面思考過這兩個過程後，還要在現實生活中檢驗自己的假設，比如與人溝通時，嘗試表達自己的真實感受和想法，而不再把關注點放在照顧對方的情緒上。觀察一下對方是否會不開心？如果不開心，你假設的後果是否真的會發生？還是事情根本就沒有那麼糟糕？即使後果真的發生了，你是否真的不能承受？

當你發現後果並沒有那麼糟糕，或者完全可以承受這個後果的時候，你就開始不再害怕了，討好的應對模式也會發生改變。因為你已經形成了新的「經驗的好處」，切實體驗到表達自己感受的後果，你會感覺到這種體驗比討好更愉悅，就不會再侷限於以前的行為模式了。

#你嘴裡的「自律」，其實是自虐的偽裝

你有沒有嘗試過通過自律改變自己？比如每天制定詳細的打卡任務督促自己學習。坦白說，我也曾經多次嘗試自律，前年給自己定的目標是每天早起跑步二十分鐘，每個月讀三本書；去年給自己下達的任務是每天寫一篇文章，做五十個伏地挺身，學習二十分鐘英語。可是令我難以說出口的是，往往不到一個月，我就堅持不下去了。我也曾以為是自己的自控力不夠，或者性格不堅韌，可當我深入研究自律，並且瞭解了很多能夠長期堅持的「大神」後，我突然發現自己對自律一直著有深深的誤解。

其實自律就是一個偽命題，很多人認為自律能讓自己變得更好。那麼換句話說，自律的前提首先是你認為當下的自己是不夠好的，你不接納這樣的自己，你才會想要達到更好的狀態。這時，你就已經淪為大腦的奴隸，被各種聽過的、學過的、廣為流傳的認知操控著，並在理性層面上強迫自己做一些內心並不太想做的事。更直白點說，你並沒有很享受做這件事，只是屈服於世俗認知下的強迫性行為。或者這件事只是理性上聽起來有道理，但是實際上你並沒有發自內心地認同。

要知道，只要你不是發自內心地想做一件事，基本上都堅持不了多長時間，因為你的

理性即便能暫時獲得勝利，也很快就會被惰性打敗。想要更加透徹地瞭解自律，你必須搞懂人類最重要的兩套動力系統：自律系統和自我系統。它們就像一雙筷子的兩端，滿足一方，另一方就無法滿足。《認知顛覆》的作者程驛老師對這兩套系統進行過具體的說明，我將結合自己的認知簡單展開分析。

壓抑人性的自律系統

一般情況下，我們之所以變得自律，往往是因為剛經歷過失控的狀態。舉例來說，一個人或許很胖，但她一開始並沒有想著要減肥。但是有一天，當她發現同事們的身材都很好，或者剛交了一個男朋友，對方卻嫌棄她胖，這個時候她才會意識到自己的胖是一個問題。這時她就處於一種失控的狀態——既對自己的身材失去控制，對美失去控制，又對別人的評價失去控制，這一切都讓她不舒服，所以她開始通過自律減肥。

從生物學的角度來講，一旦意識到失去了控制，大腦中的島葉部分就開始變得活躍，並產生激素，這些激素會讓我們感覺非常痛苦。為了消除這些痛苦，我們的大腦就會開啟防禦機制，開始採取行動，行動大概分為兩種。

1. 壓抑原始的人性驅動，也就是內心的渴望

比如有人因為抽菸得了肺炎，總是咳嗽，他開始嘗試停止抽菸，這就是在壓抑抽菸所帶來的快感。你看見一個美女，心怦怦亂跳，但你也不會直接去表白，而是表現得很有禮貌，這也是在壓抑內心的渴望。這些渴望都是符合人性的，而自律則是去人性化的過程，早起、戒賭、戒菸等都是讓我們壓抑天然的人性驅動，追求一種所謂的理想化狀態。

2. 昇華欲望，成為別人期待的角色，進而獲得社會認同

人類從原始社會開始就是群居動物，因此有獲得社會認同的需求。而獲得認同最好的方式就是成為別人期待中的角色，我們一生大部分的精力都用在這件事上。比如，高中時的自律是為了獲得名牌大學生的角色；工作中踏實努力是為了成為上司眼中的好員工；有些女性終其一生都是為了成為某人的好太太、好母親、好兒媳。這些本質上都是通過壓抑自己，獲得別人的認可，最終讓自己找到可控的感覺。

其實自律並不是多麼高級的概念，它只是大腦在權衡利弊後所做出的一個理性選擇。因此，自律並不是無欲無求，也不是不需要外部認同。很多人有誤解，認為那些自律的高手不會在意別人的目光，其實並非如此，再自律的人都離不開對獲得認同的追求。如果完全沒有人關注他們，那麼這些自律的行為能持續多久呢？

在《恆毅力的七堂課》（*Stick with it*）一書裡，作者尚恩．楊（Sean Young）也指出，如果想讓人們真正去行動做某事，最好是有一個社群或者平臺供他們交流、相互鼓勵和認同。因為理性主導下的自律，一旦長時間得不到外在的回饋，很快便會枯竭。比如你每天

早上跑步二十分鐘，你發現身體並沒有明顯變化，或者也沒有人看到你有什麼變化，外在對你的評價還是原來的樣子，你可能就開始放棄了；再比如你寫文章，堅持寫了一個月，發現粉絲沒有絲毫增長，也沒有賺到錢，你也沒有動力再繼續做下去了。

順從天性的自我系統

那種發自內心想做的、不想被改變的狀態叫作自我。自我系統同樣有一套工作機制，自律是源自對某件事失去控制感，所以通過壓抑天性來獲得控制感。自我正好相反，當你做某件事時，如果順從天性，直接獲得控制感，你就會很滿足。比如，吃更多零食，讓你對美食的渴望得到了滿足；學會一道算術題，父母誇你厲害，你獲得了認同；追到女朋友會有滿足感；找到好工作會有滿足感；買車、買房也會獲得滿足感……那麼，為什麼你會因為這些事獲得滿足感呢？

麻省理工學院的研究者發現，當人獲得滿足時，大腦的伏隔核部分（對大腦獎賞、快樂、恐懼及安慰劑效果起重要作用的部位）會變得異常活躍，它的作用是釋放多巴胺，提供欲望被滿足的愉悅感。這樣，你的大腦就知道了，原來你做這件事（比如吃巧克力、購物）是可以獲得愉悅感的。那麼為了繼續獲得這種愉悅感，大腦就不斷驅使你重複做這件事。

看到這裡，你有沒有看出自律和自我的區別？自律是一個人理性地要求自己去重複做一件事，這件事大部分是壓抑人性的；而自我是大腦驅使自己重複去滿足一件事，這件事大部分是順從人性的。那些看上去極度自律的高手，比如賈伯斯對產品功能的瘋狂追求、日本匠人六十年只做一件事等，其實都是極度自我化的狀態，他們只是沉浸在極度的自我滿足感中，這種感覺驅使他們一直做下去。

那我們到底該如何持之以恆地做一件事呢？在我看來，這並不是靠單純的自律或者滿足自我來實現的，而是需要兩者充分配合。

簡單地說，我們要讓理智大腦參與進來，客觀分析一下我們要做什麼，從哪些方面開始，怎樣做是正確的，最終確立一個大而正確的方向。然後，再從自我系統出發，看一下自己感興趣的東西是什麼，做什麼或者怎麼做是愉悅的、能獲得好處的。

最後，我們要發揮自律系統的作用，限制一些邊緣因素，比如每天做多久，怎樣保持專注，等等。

PART 3
運用人性

做事、做人、處世

第七章

清醒做事：教你破解成事困局

#想成事，不能太佛系

說到底，我們人類不過是一種高級動物，因此天生敢於追求自己想要的東西，敢於提出要求，敢於麻煩別人，敢於把握機會，敢於優先考慮自己。一個人想成事，一定要有欲望的推動和助力，這樣才敢於爭奪機會。

很多人覺得主動爭取並非君子所為，但社會的資源本就是有限的，所以鬥爭也是一個必然的事實，不爭奪就可能被淘汰。你什麼也不做，什麼也不去爭取，突然有一個機會降臨到你身上這種事，是永遠不可能出現的。我們想要的一切都要靠自己去拚搏、去爭奪。

那為什麼很多人不會主動爭取呢？在我看來主要有兩個原因。

1. 家庭教育的影響

當我們還是孩童的時候會有很多需求，但這些需求有些是父母能夠滿足的，有些是父母滿足不了的，這時候父母可能就會用內疚感來控制孩子。比如你要求父母買一個玩具，父母可能會這樣說：「你看隔壁家的小明，他就很乖，不會和你一樣要玩具，你太不乖了。」或者說：「我們家有很多錢嗎？你看爸爸工作不辛苦嗎？做人不能這麼自私。」

久而久之，你可能得出了一個結論：需求越多越不好，需求越少越好。這樣的信念一旦產生，你未來哪怕面對合理、合法的需求時，也不敢去爭取。比如向老闆要求加薪，跟喜歡的人表明心意，向客戶報價……你都不敢大膽說出自己的需求，因為你從小就是這樣被父母教育的。

2. 世俗思想的過度薰陶

我們提倡樂於助人，捨己為人，先人後己，要做君子。我們當然是認同這些思想的，它能夠幫助我們構建一個更加和諧、文明的社會。但是可怕的是，有些人過分曲解了這種思想，認為要做君子，就要完全忽略自己的利益，一旦為自己考慮就是自私，就會良心不安，會背上沉重的道德包袱，因此他們寧願選擇徹底放棄爭取。這就是走向片面和極端了，反而會讓我們在決策時做出錯誤的選擇。

生活中有太多這樣的人了，面對本來屬於自己的機會，都不敢去大膽追尋，你不爭不搶，這個機會肯定會被別人搶走，你就成了失敗者。所以，不爭不搶是一種美德，但是在合理、合法範圍內，不爭不搶並不是生存之道。

大膽爭取屬於自己的機會

在電視劇《天道》中，丁元英帶著王廟村的農民通過低價策略獵殺了林雨峰的樂聖公司，林雨峰指著丁元英的鼻梁罵：「你這個人太沒有道德，沒有情懷了，太卑鄙了！」但是丁元英反問：「市場的真理是什麼？是在市場允許的、合情合理的範圍內，敢於大膽追尋屬於自己的機會。」

馮侖在《扛住就是本事》這本書裡講到一個「潑婦理論」，簡單說就是一個潑婦和一個文明的貴婦當街吵架，誰會取勝、占到好處？很多時候都是這個潑婦。為什麼呢？因為潑婦的底線更低，為了吵贏，她可以用各種手段，一哭二鬧三上吊，絲毫不顧及面子與形象。但是對於貴婦來說就不一樣，她需要維持自己的形象，不能有違道德底線，所以面對猛烈的攻勢，她可能會丟下幾個錢，快速逃跑。

這本書中還舉了一個例子，就是二戰期間德國人屠殺猶太人的事件。當時猶太人的數量是德軍的十倍甚至百倍以上，其中不乏精壯男人，為什麼就這樣接受屠殺而不去反抗呢？

馮侖引申出了兩個概念：文明和野蠻。

簡單說，我們確實要推崇文明，但是過分推崇文明則可能走向另一個極端，反而得不償失。文明首先是一個馴化的過程，讓人脫離野蠻，進入秩序、道德、法律、規則當中，這一開始是好事。但是如果一個人被過分馴化，其在接下來的人生中可能就會嚴格按照這種習慣、道德、法律、規則辦事，並將此視為理所當然的、必需的、可以被坦然接受的事情。這必然會導致一個人過分機械化、教條化，只能按照被教化之後的方式去應對外部的挑釁，從而喪失了本能。

這就導致了二戰時的這些野蠻人命令猶太人把衣服脫掉，把耳環摘下來，把眼鏡摘下來，他們也沒有反抗意識，似乎認為這是應該的。接近毒氣室的時候，他們已經絕望了，在這種情況下，他們仍然排著隊進入毒氣室，也沒有任何反抗，這是一種悲哀，甚至可以說是文明被野蠻奴役的悲哀。馮侖說，文明程度越高，越容易被野蠻所奴役，所以野蠻在文明面前，往往表現出一種原始的衝動和強大的暴力，以及不按遊戲規則來玩的優勢。這就是文明和野蠻在相處過程中的一種潛規則，或者說是一個顯而易見的結果。

一個人在意的東西太多，束縛太多，考慮的因素太多，做事的時候就會束手束腳，難以決斷，容易錯失機會。我們要明白的社會現實是，我們要走向文明，但很多時候絕不能完全沒了血性；我們要有底線，但是面對不同的人、不同的事，也要講究變通，一味地恪守教條，有時候是一種愚蠢。

不要被假佛系蒙蔽

當然，看到這裡，可能有些人會說：「算了，我還是活得佛系一點。」說到這裡，我們來分析下佛系。不知道從什麼時候開始，很多人都想要過上一種佛系的生活，把佛系天天掛在嘴邊。但是，很多人可能根本就沒有理解什麼是佛系。

他們所謂的佛系，更多的是一種對自己無能的掩飾，或者說是一種心理安慰。也就是說，他們自己沒有能力，也得不到，所以乾脆就說自己不想要。這種佛系本質上是一種被動的退行模式，是一種自我欺騙。他們明知道自己不行，卻又不想著如何讓自己行，反而尋找了一個冠冕堂皇的藉口來為自己的「不作為」解釋，以求心安。

真正的佛系，是充分具備主動性的，也就是你有能力得到，卻選擇不在意得失。這裡的關鍵是，**你是有能力的，你是具備充分選擇權的，只是你不執著**。

所以，不要隨意拿佛系當作自己不進取的藉口，也不要過分扼殺自己的血性，覺得自己更高尚一點。想要成事，必須具備點血性。

#想逆襲，要懂得「裝」的智慧

作為一個普通人，沒有家庭背景，沒有社會資源，應該如何逆襲呢？等到有一天，你終於熬出頭，身居高位，又如何避免「槍打出頭鳥」，避免成為他人的威脅？這就是本節要分享的內容：「裝」的智慧。

普通人如何逆襲

人類降生到這個世界上，第一要素是生存，所以擁有越多的生存資源越有利。正因為如此，我們才更希望和有資源、有價值的人或公司合作。不得不承認的是：所有獲得巨大財富的人，他們的財富積累都是越階式的，而不是線性增長的。所以，普通人想要完成逆襲，很大程度上需要依靠偶然性，去尋找運氣，而不是讓運氣找自己。想要尋找運氣，首先要學會包裝自己。我們來看一些案例。

一九九一年，馮侖和王功權（編按：兩人皆為中國知名企業家，萬通集團高層）下海南。他們在工商局註冊了一家公司，註冊資金一千萬人民幣，然而實際上幾個合夥人只湊了不到三萬人民幣的資金。這是第一步包裝。

僅憑三萬人民幣，想要做房地產幾乎是天方夜譚，但馮侖要求公司所有人都穿戴整齊，言談舉止要讓人一眼看上去就覺得很有實力的樣子。這是第二步包裝。

接下來，馮侖找信託公司融資，他給老闆講述自己耀眼的經歷：從中央黨校研究生院畢業後，先後在中央黨校、中宣部、國家體改委、武漢市經委和海南省委任職，歷任講師、副處長、副所長等職務，還主編過《中國國情報告》等圖書。說完這些，信託公司老闆對他已經建立了信任。

這時，馮侖又講述眼前的商機，說這單生意包賺不賠，希望雙方一起合作，自己承諾出資一千三百萬人民幣，對方只需要出資五百萬人民幣。信託公司老闆經過一番評估後，慷慨地甩出了五百萬元。馮侖拿著這五百萬元，讓王功權到銀行做現金抵押，又貸出了一千三百萬元。他們用這一千八百萬人民幣買了八幢別墅，經過包裝後轉手，賺了三百萬人民幣。這就是馮侖在海南淘到的第一桶金。

馮侖用三萬元賺了三百萬元，這背後是有人性邏輯的。人性的弱點就是更願意和有錢、有資源的人合作，如果你不懂得包裝自己，就沒有機會放手一搏。

馮侖有一個朋友叫張少傑，他是二十世紀八零年代很有影響的經濟學家。張少傑在經商之前，馮侖把他介紹給牟其中（編按：南德集團總裁，曾是中國首富）當門客。後來張少傑想要自己做一個諮詢公司，就托馮侖給牟其中傳話，希望牟其中能投資。牟其中知道後爽快地給張少傑投了二十萬人民幣，張少傑對此非常不滿，二十萬元連租場地都不夠，認為牟其中小看自己。

牟其中知道後，跟他說了一段非常經典的話：「你到上海打聽一下哪兒的飯店最貴？你就去這家最貴的飯店頂層請上海最牛的人，把這二十萬元花完，你至少能賺兩百萬元。」

張少傑說：「這不可能吧？！」

牟其中說：「你不信，我告訴你，最重要的不是你有多少錢，而是別人認為你有多少錢。你在最貴的地方花二十萬元請最牛的人吃飯，那整個上海都會認為你是最有實力的，很多有錢人就會主動跑過來跟你打交道，你還怕最後賺不到錢嗎？」

可見，真正厲害的人跟普通人的思維想法是不一樣的，他們往往能夠打破常規，創造更多的機會去賺錢。

對於很多剛走入商場的「書呆子」來說，這是非常值得學習的。可能有人會說，這不是商業欺騙嗎？我們要學習的是商業布局，這兩者的差別是什麼呢？

假設你和一個快渴死的人都困在沙漠裡，你有水，他有錢，你倆互相交換資源，這就是商業布局。但如果你拿到錢，沒有給別人水，這才是商業欺騙。

中國規模最大的英語培訓公司、新東方教育科技集團總裁俞敏洪，在創業初期也是這樣包裝自己的，他四處貼小廣告招生，很多人來實地考察的時候，發現報名的人不多，環境又很簡陋，紛紛選擇離開。後來他做了一個登記表，偽造了報名的學生名單，這時很多家長看到那麼多人報名後，也紛紛跟風。但是毫無疑問，他的英語培訓水準非常高，幫助了很多人，讓很多人真正受了益，他也賺到了錢。這就是一種成功的商業布局，因為俞敏洪確實幫助了很多人。

老子有個思想叫作陰陽結合，有陰必有陽。這種思想放在商業上，放在為人處事上也適用。一旦我們過分注重某一方面，卻忽視了另一方面，就很難成功。比如很多人踏實又努力，卻沒有什麼成就，很大程度上是因為他們不懂得包裝自己，缺乏被賞識的機會。還有很多吹噓自己很厲害的人也沒有取得很大的成就，因為他們缺乏實幹，陰陽缺一不可。**所以我們既要踏踏實實做產品，踏踏實實做人，也要掌握這些人性策略，懂得包裝自己，學會陰陽結合。**

高段位的人懂得示弱

人性是多疑的，對於那些太過完美的東西，我們總是保持戒備、懷疑的心理。而對於那些隨時都能看到缺點的事物，我們卻在無形中放下了心中的防備。很多高段位的人恰恰懂得這一點，他們越是厲害，反而越懂得示弱。我們先來看幾個案例。

有一個記者朋友跟我分享過一件特別有意思的事情。他的同事負責去採訪一個大人物，當時這個大人物被曝光了一件醜聞。去之前，同事設想了各種針鋒相對的場面，並準備了很多難應付的問題用來揭露事件的真相。正當他要發問的時候，大人物笑了笑說：「我時間很充足，這樣吧，我們坐下來慢慢聊。」一句話讓同事把準備的問題壓了下去，只能先坐了下來。

接著，大人物拿起桌前的咖啡喝了一口，可又慌忙起身吐到了垃圾桶裡，嘴裡大叫著「好燙」，咖啡杯也差點被打破。等這些都收拾好，大人物又拿起了桌邊的香菸抽了起來，這時候同事說道：「你好，請不要吸菸。」本來他只是提醒一下，沒想到大人物一慌，不小心把菸灰缸打翻了。同事本來想好好攻擊這個大人物一番，但發生這一系列事情，他對這個大人物的看法開始改觀了，反倒看到了這個威風凜凜的大人物的另一面，覺得他跟普通人也沒什麼不一樣，試圖挑釁一下的想法消失了，反而覺得他很親近。

這個大人物的待人接物是很有策略和智慧的，他通過故意暴露自己的醜態，來化解對方持有的緊張感和攻擊性，讓對方從心理上先接受自己。

當年，秦始皇為了平定六國，特地命大將軍王翦統帥六十萬大軍討伐。但是大家都知道，秦始皇疑心非常重，他把兵符交給王翦後，就開始尋思：「我這六十萬大軍都給他，他會不會中途造反，反過來攻打我呢？」另外，王翦不僅武藝高，軍事才能優秀，而且沒有什麼弱點。這讓秦始皇更是後怕起來，瞬間殺機已動。

不過這個王翦也早就瞭解秦始皇的性格，知道他會猜疑自己，於是大軍開拔後，每走五十里地，他就故意讓人傳信給秦始皇，向他索要珠寶、美人和封地。王翦手下的將領很不理解，擔心他寸功未立就要封賞，陛下會怪罪於他。結果秦始皇看完奏章，果然很放心：看來王翦也並非完人，這種貪財好色的人是造不了反的，於是便打消了殺他的念頭。

這就是故意暴露缺點的策略。每個人都有防人之心，對於看不透的人，我們都會習慣性防衛，只有對於那些渾身是缺點的人，我們才會敞開心懷。也就是說，一個人只要有弱點就不可怕，因為有弱點就有突破口，很容易被人掌控。最難控制的，是無欲無求的人。

所以說，在為人處世中，有策略地包裝自己、示弱，是非常必要的。接下來，我們從三個方面來分析其背後所隱藏的人性。

第一，人們對聰明人有戒心，但對於那些缺點隨處可見的人，卻毫無防備。中國有句俗語，叫作「扮豬吃老虎」，其實這背後本身就隱藏著人性的玄機。如果一個人在沒有能力之前就表現出野心勃勃、虎視眈眈，那很顯然，他會在沒有成氣候之前就成為眾矢之的，被其他人早早幹掉，因為大家都會視他為威脅。

我們會發現，在職場裡傻頭傻腦、不爭搶功勞、毫無野心的人，最後反而獲得了升職。為什麼呢？就是因為這類人懂得「裝傻」，人們都會對聰明人保持著十分的警惕，把他們視為敵手，並投入百分百的注意力，但是沒有人會注意一個傻頭傻腦、埋頭苦幹的人，更不會料到有一天他會跟自己爭高低。

我在看電視劇《天道》的時候，對這一點的體會尤其深刻。當時韓楚風被老總裁看重，讓他接手自己的位置。但是公司還有兩個副總裁，韓楚風根本難以上位，也不會有人支持他。所以他就找丁元英出主意，丁元英的建議是：你要不爭而爭，先退出舞臺，扮豬吃虎，讓兩個副總裁爭來鬥去，你只需要幹實事就好。這樣大家自然就能看清楚應該如何站隊了。這真的是大智慧，如果一開始韓楚風不知道退居幕後，處處示弱，那只會讓兩位副總裁先聯合起來對付自己。

第二，缺點也是把柄，人都有一種錯覺，以為發現別人的缺點就等於抓住了對方的把柄，內心就會獲得虛假的「安全感」。我們都需要控制感，控制代表安全，代表對方對我們是沒有威脅的，這樣才會對他放下戒備，心裡踏實。那麼這種控制感如何獲得呢？掌控對方更多的資訊，特別是發現他的缺點和把柄，就可以增加我們的控制感。就像秦始皇瞭解到王翦貪財又好色，就不再擔心他會造反，因為可以用錢財搞定他。這就是一種控制錯覺。

我們在前文講把柄策略的時候也提到過，有時候我們要主動把自己的把柄交到上級手裡，讓他對我們放心，安心提拔我們，不把我們視為威脅。這裡的上交把柄和暴露缺點，其實是一樣的道理，就是讓上級覺得能夠輕鬆地把控我們。

第三，人們更喜歡和不如自己的人在一塊兒，以滿足自己的「心理優越感」。從進化心理學的視角來看，身體更強代表有更強的繁衍優勢，更容易吸引異性。隨著社會的發展，這種需求就變成渴望獲得心理上的優越感。人是喜歡攀比的，都喜歡自己比別人更強。所以主動暴露缺點，更容易和別人建立關係。你會發現，一個帥氣的男孩恰恰喜歡與滿臉青春痘的朋友相處，一個漂亮的姑娘往往喜歡活躍在普通女孩群體裡。這都是因為，與不如自己的人相處，能夠凸顯自己的優越感，從而獲得心理上的滿足。好為人師其實也是這個原因，想讓別人對你放下戒心，讓別人樂意教你，幫助你，那麼不妨「裝」傻一點，多暴露一些缺點，引導他們通過你來收穫心理滿足感。

所以，看到這裡，你應該明白，那些看似不注意掩蓋缺點的人，有可能正是刻意為之，主動裝傻的背後，都藏著大智慧。

#想成功，就要知進退

一個人想要實現真正的成長，不在於他聽過多少道理，而在於他有沒有真正把這些道理研究透徹。對於怎樣才能夠成功，《易經》裡早就講得很清楚，這個過程包括六個階段。

第一階段：潛龍勿用

潛龍勿用的意思是，在你沒有足夠的實力、時機不成熟的時候，不要輕易嶄露鋒芒，要學會韜光養晦，隱藏自己的野心和志向。我們在職場中常常發現一種人，他們能力很強，卻得不到上司的重用，甚至總是被打壓。很大一部分原因是他們太不懂得隱藏自己，太喜歡拋頭露面，過早將自己的野心暴露在上級面前，上級會覺得他們有取而代之的想法或野心，因此選擇先下手為強。

「槍打出頭鳥」是很有道理的。

三國中的劉備完美詮釋了潛龍勿用。他四處給人打工，投奔袁紹，投奔曹操，曹操通過青梅煮酒試探他，結果一打雷，他故意把筷子扔到地上。就因為這樣，大家都沒有對他下手，他才有了後來跟其他英雄爭霸的資本。另外，曹操挾天子以令諸侯，他卻沒有要求天子直接讓位於他。這就是因為時機不成熟，如果貿然稱帝，天下群雄必然要群起而攻之，那他就會置自己於不利的位置，而自己的實力又不足以應對這一切，所以他到死都沒稱帝。

第二階段：見龍在田

等到我們積蓄了足夠的能量，就進入到第二階段——見龍在田，也就是開始找時機顯露頭角。《和珅傳》這本書講述了和珅是如何一步步走到一人之下萬人之上的位置的。和珅很清楚，想在人才濟濟、競爭激烈的朝堂中占據一席之地，就要有別人沒有的才能，起到無可替代的作用。

當時乾隆一朝與藏、蒙關係密切，經常有書信往來，可是滿朝文武很少有人懂這兩種文字，於是和珅就努力研修，精通了漢、滿、蒙、藏四種文字。他總是在緊要關頭挺身而出，令人刮目相看。特別是乾隆七十壽誕的時候，西藏方面呈來一份文書，可是內容是用藏文寫的，朝臣都不認識，乾隆馬上就意識到和珅的重要性，立即召來和珅解讀。事後，他更是對和珅讚譽有加，緊接著把蒙、藏事務及其他一些事務都交給和珅負責。

所以，機會非常重要。再說劉備，他當時的實力很弱，兵將很少，但依然去幫徐州、孔融。當時很多人就勸他不要去，去就是送死。劉備之所以去，因為這是一個難得的機會，他一方面可以獲得聲譽和更多人的支持，另一方面就是贏得信任。再後來，他計畫去益州幫劉璋，劉璋二話不說就答應了，結果劉備一到就變卦了，直接取而代之，控制了四川，這才有了後續的三國鼎立。

諸葛亮在分析了天下大勢後，放話出來：「臥龍鳳雛，得之可得天下。」這也是指有了足夠的實力之後，開始創造機會，尋找契機出現在大眾視野裡。

第三階段：終日乾乾

這個階段的意思是說，一個人一旦顯露頭角，做出一些成績，就要時刻保持警惕。這其中有兩個深層玄機。

第一是從自我的層次來看，很多人為什麼不能持續成功，就是因為稍微做出點成績後，就失去了對自己的清醒認知，驕傲自大、得意揚揚，從而放鬆警惕，這時禍患其實也就不遠了。

我一個朋友能力很強，進入公司後因為表現優秀，所以升職很快，沒多久就成了公司最年輕的總經理，上層領導都很倚重他，可是他的職業歷程太順利了，加上周圍人對他的迎合，就導致他慢慢地看不清自己了，開始變得驕傲自大，甚至覺得公司這兩年發展迅速都是他的功勞，就連公開會議上都敢直言頂撞長官，搞得長官下不了臺，私下裡對他頗有微詞。他以為沒事，可是公司轉身就打著「學習培養」的旗號把他外調了。

第二是站在他人的層次來看，你的優秀除了會讓別人顯得更無能外，還會在無形中觸及別人的利益，會被別人視為威脅。李斯和韓非子本是同門師兄弟，都是荀子的學生，可是為什麼李斯最終害死了韓非子呢？就是因為韓非子在秦國表現太過優秀，得到了嬴政更多的賞識，這就威脅到了李斯的利益。白起和范雎都是秦國的大臣，為秦國的壯大做出了巨大貢獻，但是為什麼最後范雎要進言秦王，暗示他殺了白起？很大程度上就是因為白起的影響力太大了，威脅到了范雎的位置，范雎擔心此後自己在朝堂上沒有一席之地。

所以，越是處在這個階段，我們越是要時刻小心謹慎，一方面繼續提升自己的能力，沉澱自己，使自己具備更多的優勢；另一方面要懂得防備他人，時時審視自己，對自己保持一個清醒的認知，時刻檢討自己的言行，不要輕易得罪他人，也不要輕易給人可乘之機。

第四階段：或躍在淵

這一階段的重點是審時度勢，知進退，敢於抓住機會，在努力和拚搏中跨越阻礙，將人生推向最高處。這裡的核心是「或」，就是當下缺乏安定而進退未定，所以你要做的是把握最有利的時機，然後去選擇進或退，這樣便不會有什麼危險。這裡的「或」在我看來其實就是一種主動性的說明，就是你根據當下的實際情況去選擇如何做、做什麼。

從零到一很難，但是從一到一百就很簡單，這時候要做的是審時度勢，抓住機會，用心複製和放大。所謂複製，以肯德基為例，如果在一個城市做得很成功，那麼只需要將這種模式開到全國、全世界就可以。所謂放大，以騰訊為例，不僅在遊戲方面獨領風騷，還在社交、金融、短影片等領域占據一席之地。

我有個朋友最開始靠寫作賺錢，做了幾年累積了很多經驗，並且成了領域的頂尖，但她並沒有就此「躺平」，趁著寫作副業的風口，又跟人合作做寫作培訓，快速招收了很多學員，把這些流量引入了自己的私域當中，實現了自身價值的最大化變現。這幾年短影片風口來了，她又趕緊在各大平臺布局短影片，取得效果後，又快速複製以前的模式，教大家如何用短影片創業。現在她有了自己的公司，簽了四五本書，把自己的人生推向了巔峰。她為什麼能從一個普通人逆襲？很大程度上就是善於審時度勢，對機會保持敏感，對自己人生的進退保持著足夠的主動權。

我們每個人基本都會經歷這樣的狀態，或許現在處於上升期，但是周圍可能又伴有各種危險，這個時候是乾脆放棄，掉進深淵，還是看清形勢，跨過障礙，一飛沖天呢？我建議你們能自強不息，奮力向上，不過此時要具備一定的危機意識，對風險有適度的管控，然後抓住機會，將自己的人生推向一個新高度。

第五階段：飛龍在天

這個階段是結果展現，指的是一個人通過持續的努力，最終抓住機會，苦盡甘來，事業一飛沖天。能夠一飛沖天當然是很多人嚮往的事，不過我希望你能把目光拉遠一點，看到它所帶來的警示。飛龍在天，就像早上太陽從海平面升起，沿著遠山慢慢往上爬，到中午的時候差不多就到了最高處，陽光也極盛，我們也稱為如日中天。可是如日中天之後，離日落西山也不遠了。

這就是自然之道，是天道，是我們人力所不可控的。那麼對於我們人來說，其實也是如此，樂極生悲，否極泰來，一切都是一個不斷變化的過程，任何事到了極點，就會開始向另一個極點發展。比如我們拚盡全力地對另一個人好，好到不能再好了，就像中午的太陽一樣，那麼接下來會發生什麼事呢？別人看來，我們的好只會一天不如一天，慢慢變淡了。比如一對如膠似漆的情侶，剛開始好得不得了，可接下來就慢慢變得無話可說，最終疏遠了。君子之交淡如水，小人之交甘若醴，其實也是這個意思，情深不壽，平平淡淡才能長久。

不過這裡的一個關鍵點是，天道，我們無法改變，但是人道，我們可以加以利用，就像太陽只要升起，就必然要升到最高處。但是在人生路上，我們可以在還沒有到達最高處的時候，走得慢一點，儘量讓自己待在飛龍的位置上久一點。

第六階段：亢龍有悔

這一階段說的道理是：人要懂得進退，才能明哲保身。我們用力往空中拋一個球，會出現球剛開始越來越高，可是到達最高點之後開始往下落。人生也是如此，當我們的人生達到巔峰後，就會開始慢慢衰落。這時候，我們就要懂得進退，接受這種必然結果。

韓信從一個無名小卒到立下不世之功，走向人生巔峰，可是為什麼他的最終結局那麼悲慘呢？就是因為他功高震主，不懂進退，不知道急流勇退。反觀蕭何就比較聰明，他和韓信一樣為劉邦立下了汗馬功勞，但懂得亢龍有悔。當時劉邦封他為相國，他在民眾中也有著很好的名聲，甚至連劉邦都有些嫉妒他。他故意壓榨和剝削百姓，激怒百姓去告狀，以此向劉邦表明自己沒有野心。他還把自己的家人全部遷到皇城腳下，把全部身家性命交給劉邦掌控，這樣讓劉邦對自己完全放心。

還有一個傳奇人物范蠡，他幫助越王勾踐滅了吳國之後，就告老還鄉隱退了。當時勾踐極力挽留，甚至還威脅要殺掉他。但是范蠡並沒有動搖，因為他知道「高鳥已散，良弓將藏，狡兔一死，良犬就烹」，越王為人可共患難，不可共富貴。後來范蠡輾轉來到齊國做生意，很快積累了數千萬家產，他仗義疏財，把財產全部分給鄉鄰。他知道自己所有的財富都來源於社會，所以取之社會，還之社會。正是這種智慧，才有了三次仗義疏財，三次積累千金的典故，他被後世稱為財神爺。

一個人想要成功，必須經歷這六個階段，只有在相應的階段做相應的事情，才有更大的機率取得成功，並且做到功成身退。

#想賺錢，先讓自己值錢

為什麼很多人明明很努力，卻賺不到錢呢？其實，賺錢是某種程度上的認知變現，我們賺不到認知以外的錢。想要賺錢，我們首先要搞清楚賺錢的本質和維度。什麼是錢？錢無非就是一種貨幣、一種價值衡量單位，是為方便人與人之間的交易而流通的工具。錢本身並不神祕，我們需要關注的是錢背後的交易邏輯，也就是別人為什麼願意為你的某種價值支付費用。

重新理解「金錢」這件事

小時候曾聽過周扒皮半夜學雞叫的故事。從前有一個周姓地主，每天天還不亮，他就學雞叫，催長工起床下地幹活，幫自己賺錢。只要聽過這個故事的人，都會覺得地主太壞了，貧窮老百姓是好人。因此，很多人的潛意識裡就會傾向於認為有錢人都更壞，而老百姓多半更善良。甚至於我們的老一輩經常會給孩子傳達「有錢能使鬼推磨」、「人有錢後容易忘本」這樣的觀念，很多人覺得金錢並不是什麼好東西。

當我們在內心深處對金錢有評判時，我們對於金錢的行為就會受到影響，努力賺取金錢的動力也會不足。要知道，錢本身是沒有好壞之分的，很多時候，它是我們實現人生抱負、過上幸福生活的一個很好的工具。

很多人會覺得談錢傷感情，那是因為沒有在金錢利益與感情之間做好權衡，對兩者的關係缺乏清醒的認知。傷害感情的，從來不是金錢，而是雙方的利益沒有得到平衡和滿足。如果你跟熟人做生意，你覺得他理應給你一些折扣和優惠，因為你們關係很好、交情很深，而對方卻公事公辦，沒有因為交情而改變做生意的規則，這時候，你的期望落空了，你會很受傷。

所以交易的本質是價值的交換，錢的背後不過是不同形態的價值而已。接下來我們詳細展開講述不同形態的價值都有哪些。

信息差

簡單說就是，某一樣東西我知道了，但是你不知道，那我就可以利用這個資訊差賺錢。

大部分生意的本質都遵循這個邏輯，賣家有一手貨物，買家必須從賣家這裡購買，成交價減去成本價就是賣家所得利潤。關於同行間的競爭，只要其中一方能夠掌握更多的資訊，比如更低價格的進貨管道、品質更好的產品，其實他們本質上就贏了一半。再比如網上轉售學習資料的店鋪，雖然現在網路資源很容易獲取，但很多店鋪依然能把一份資料賣到八、九千元，這也是賺資訊差的錢。

這給我們的啟示是：**永遠不要高估一件事的普及程度，即使是我們認為習以為常的事，依然有很多人是不知道的。**反之，我們不知道的事，也總有一批人是通曉的。只要掌握一定的方法，就可以讓這一批人為知識買單，這也是近年來知識付費流行的原因。

認知差

如果我們的認知層次比別人高，就能更早地看到更多的機會，在做決策的時候也能夠看得全面，那麼就有更大機會賺到錢。很多人賺不到錢，並不是不夠努力，而是認知水準受限，因而看不到更多的機會。

微商火的時候，很多人擠破腦袋去做代理，可是認知層次更高的人開始做微商培訓。抖音剛流行的時候，很多人都是用來消遣時間，但是就有一群人抓住了這個機會經營自己的帳號，結果成功變現。很多人嘗到甜頭後，也跟風做抖音了，這時做抖音培訓的又大賺了一筆。所以，認知層次高的人，往往更能看到和把握住機會。

專業度

我們更願意向權威、專業付費。比如今天身體不太舒服，那我們的第一選擇肯定是去醫院。醫生為我們診斷完畢後，我們也會毫不猶豫地掏錢。再舉個例子，比如你今天要做頭髮，家門口有兩家美髮店，一家是私人開的小店，一家是運營多年的連鎖店，那你大機率會選擇第二家。以我為例，我要裝修房子，就必須找專業的裝修公司，而不可能為了省錢自己上手。這個過程，就是賺專業度的錢。

附屬屬性比拚

當大家都具備某種優勢的時候，它就不再是優勢，而是標配，這個時候需要比拚的就是其他附屬屬性。比如大家都知道運營抖音是個機會，但大部分人並不能成功，為什麼呢？因為執行力不同，有些人能堅持每天更新作品，而有些人什麼時候想起來就什麼時候更新。長此以往，差距自然就出來了。再比如兩家味道都很不錯的飯店，誰家的服務更好，誰家就能勝出。

以上，我們簡單論述了賺錢的四個維度，除此之外賺錢還要具備三個核心思想。

後端思維

我們要放棄過分追求短期利益，而是能夠通過後端賺錢。為什麼很多人賺不到錢？就是因為他們太關心賺錢這個事實，結果只注意前端利益，而忘記了後端思維。真正的高手都不過分看重前端利益，甚至在前端敢於讓利，敢於不賺錢，敢於倒貼錢，這樣就創造了和客戶接觸的機會。就像釣魚一樣，首先要給魚餌，把魚大規模地圈進來。做生意也需要先把客戶圈進來，然後再培養信任，並通過後端的產品來實現盈利。

前端賺人，中端培養信任，後端賺錢。未來的生意是左手抓流量，右手抓變現。流量的本質就是給予顧客超出預期的好處，讓他有「眼前一亮」的體驗，先吸引，再培養信任，最後盈利。**我們一定要明白，想賺錢，只盯著錢是賺不到錢的，錢是你幫別人解決問題後的回報。**你賣的不是產品，是夢想，是解決方案。我寫的也不是書籍，而是通過文字幫助大家解決事業和生活中遇到的問題。所以要認真想想自己能幫別人解決什麼問題，然後去釋放價值，去圈人，這永遠是賺錢的第一步。

實事求是，打破主觀幻想

我有個朋友在一家私人企業做高階主管，經過奮鬥多年，他好不容易存了一筆錢，決定辭職去創業。由於個人喜歡喝茶，對茶文化有一定研究，便準備做茶葉生意。他開茶廠，種植茶樹，研發新產品，包裝打造品牌，最終投入市場。我喝過這種茶葉，確實不錯，他也以為會大賣，可是投入市場後發現根本沒人買，完全賣不出去。可是茶廠需要繼續注入資金，最終沒辦法只能倒閉。

這就是教訓，創業千萬不能掉入自以為是的陷阱，認為只要自己覺得產品好，創業一定能成功，這是非常危險的。每一個新產品的出現，都需要接受市場的檢驗，都需要投入大量的教育成本，沒那麼簡單就能成功。

要先找客戶

很多人都有這樣一個盲點：他們在做一項事業之前，先租廠房、門店，招員工，做產品，最後發現什麼都有了，唯獨沒有客戶。正確的做法應該是先找客戶。只要有大量客戶，這就是籌碼，就會有很多商家主動和你合作。記住，把市場做大，把成本做小，把客戶做多，把員工做少，你就成功了。只要你能把產品賣出去，別人的工廠就是你的工廠，別人的門店就是你的門店。

第八章 清醒做人：永遠不要挑戰人性

#指點可以，但別得寸進尺

在生活中，有沒有人常常對你的生活指手畫腳，干預你的決策？比如在畢業的時候，他們往往打著為你好的名義，堅持讓你選擇他們覺得好的工作，絲毫不考慮你的興趣愛好。面對他們的這種做法，你雖然內心很抗拒，但是又無計可施，最終當痛苦累積到一定程度的時候，你忍無可忍，和他們爆發了激烈的衝突。那麼這一節，我將為你揭祕別人干預你生活的本質原因，並教你應對的方法。

投射性認同：將自己的意志強加給別人

現實生活中確實有控制欲比較強的人，他們總是試圖操縱別人按照自己的意圖行事，這背後的心理機制就是投射性認同。投射性認同是誘導他人以限定的方式做出反應，即將自己的意願投射到別人身上，並希望對方能按照自己期待的方式對待自己。

心理學者武志紅將投射性認同稱為「自戀幻覺的ＡＢＣ」，並用一個公式很好地詮釋了這種思維：我先向你付出Ａ（我認為很好的東西），並渴望著你表現出我想要的Ｂ，如果說你沒有表現出Ｂ，我就會用一系列行為Ｃ逼迫你如此表現。因此，投射性認同包含著「你必須如此，否則……」的威脅性資訊。

比如你小時候主動替媽媽洗碗（Ａ），渴望得到媽媽的讚賞和更多的關注（Ｂ），可是媽媽並沒有如你期待的那樣，你就會生氣、怨恨、鬧脾氣（Ｃ）。也就是說，你自以為讀懂了媽媽的需要，主動為她付出，所以媽媽也應該讀懂你的需要，回饋你關注和愛，但這只是一種主觀式的臆想，是一種自戀幻覺。因為別人未必懂得你需要什麼，你試圖通過一些手段迫使對方按照你的意願來，可是沒有人希望做一個傀儡。

很多父母對孩子常使用的邏輯是：我對你這麼好（Ａ），你就必須聽我的，我讓你做什麼你就做什麼（Ｂ），否則你就不是好孩子（Ｃ）。我有個朋友，媽媽對他疼愛不已，他和父母的關係也一直很融洽，他向媽媽承諾，如果談戀愛了一定會先告訴她。一開始，他的確是這樣做的，但有一段關係，他一直瞞著媽媽，直到媽媽發現後才不得已坦白。媽媽果然不同意兒子和那個女孩來往，兒子雖然嘴上答應，但仍然偷偷和那個女孩交往。媽媽向兒子發出最後通牒：如果兒子不和這個女孩斷絕關係，就斷絕母子關係。

人類的原始驅動是做自己，沒有人願意一直被別人支配，活在別人的意志裡。那麼，面對別人的干預，你要如何捍衛自己的選擇？

第一步，覺察衝突背後的真實需求

你的生活中之所以充滿衝突，很多時候並不是因為目的不一致，而是彼此關注的需求不同。比如你想通過節食減肥，但媽媽擔心你的身體，她更建議你通過運動減肥。結果你和媽媽產生了巨大的衝突，都堅持自己是對的，這只是行為層面的衝突。

接下來，你們越吵越烈，你開始反感媽媽的嘮叨，討厭媽媽的控制欲，這時候衝突升級為情緒衝突。我們都瞭解，情緒的本質是一種自我保護機制，是為了維護自己的安全感而選擇傷害對方。所以當你們陷入情緒衝突中，就會忽視一開始要解決的問題，而只是想要成為正確的一方。

正確的做法是回歸到問題本身，看到彼此的需求。還是以減肥為例，你們的目標是在保持健康的前提下變得更瘦一些，那麼可以共同尋找一種減肥方式，既不會過度節食，也不用大量運動，練瑜伽或許是一個不錯的選擇。只要能夠滿足彼此的需求，衝突就能得到有效解決。

第二步，給對方製造虛假控制感，不讓對方因失控而缺乏安全感

人們終其一生追求的，往往是確定感。這可以追溯到我們祖先生活的那個時代，當時的環境惡劣，危險遍布，也許他們正在路上走著，叢林裡就突然跳出來一頭滿嘴獠牙的野獸。祖先們的生活每時每刻都充滿了各種不確定，所以從那時起他們就形成了一種心理傾向：追尋確定感，因為不確定意味著危險，意味著不可控制，這會讓祖先極度缺乏安全感，表現到的情緒就是巨大的恐懼。

為了消除這種恐懼，我們會做很多事，有些人通過控制別人獲得些許的控制感。也就是說，當他們無法控制現實的時候，就選擇通過控制別人來緩解自己對失控的恐懼。當然，這一點也可以從心理學的層次來做探討，心理學指出，很多人之所以自我界限不清，是因為可以從中獲得一個好處，就是可以控制他人。當然，這種控制感也是想像的、虛假的。需要控制感的原因是，自我界限不清的人往往都不自信，他不能肯定別人會對他好，所以需要控制他人的態度，這樣可以讓自己更有信心。

當控制方實施控制的時候，往往會出現兩種局面：受控方完全不抵抗，那麼控制方更

會樂此不疲，繼續控制。如果受控方選擇抵抗，而且力量與控制方相差懸殊的話，很多時候並不會減弱控制方的控制心理，他反而會體會到失控的感覺。為了緩解這種不適，他會變本加厲。所以面對別人的干擾和控制，馬上反抗往往不是最好的應對方式。

所以，我們要建立一種虛假控制感。舉個例子，爸爸想要提高兒子的數學成績，於是買了很多數學練習冊，計畫讓兒子每天做一頁。兒子對此非常反感，經常跟爸爸對著幹，不願意做題。後來爸爸改變了方法，讓兒子自己決定每天做哪一頁。這時候兒子的反抗心理就消失了，他覺得是自己在掌控做題的內容，他的愉悅性和配合度得到顯著提升。這就是製造虛假控制感的過程。

再比如，妻子常常抱怨丈夫分配給家庭的時間太少，丈夫聽到抱怨往往也會反駁自己那麼辛苦都是為了賺錢養活這個家。那麼如何轉換思維呢？丈夫可以這樣說：「確實是這樣的，我也意識到最近工作太忙了，妳能不能幫我想想是哪裡出了問題，是工作方式還是時間管理？」這時候妻子往往會緩和情緒，和丈夫一起想辦法平衡工作和家庭的時間。

在職場也是一樣的，上司為什麼敢重用你，就是因為他覺得能掌控你。有些時候，我們可以主動暴露一些對自己威脅不大的把柄給上級，這樣上級就會有虛假控制感，才敢大膽提拔、重用你。劉邦打下天下後，蕭何就把全家人遷到了都城，這就相當於把全家人的生死交到劉邦的手上，劉邦因此才對蕭何放下了戒備之心。

第三步，製造干擾成本

很多時候，有些人之所以習慣於批評、否定、干擾我們的生活，就是因為他們不用為此承擔成本，還能滿足自己的控制欲。

基於這種思考，我們有兩點可以做：不要在意自己的反駁成本，增加別人干預我們的隱性成本。

當別人肆無忌憚地干預你的生活時，不要只是忍耐和接受，不要擔心反駁會有更大的損失。其實你的擔憂往往並不會發生，只是你放大了反駁成本。你需要明白的一點是，儘管你們之間有非常重要的關係，但是只有你能為自己負責，你的選擇權要握在自己手裡。

怎樣增加干預的隱性成本呢？我有個朋友叫小張，他為人熱情，很好說話，大家有事都找他幫忙，他一開始也覺得這樣可以與同事建立良好的關係，但時間久了就很煩惱。我教給他一個辦法：以後別人再找你幫忙，你要增加成本。比如有人找你整理檔案，你就讓他幫你倒杯茶。久而久之，他們就會意識到找你幫忙是需要付出成本的。

很多青年到了適婚年齡，父母會逼著他們相親，這時候你就可以試著增加父母干預的隱形成本。你可以說：「我可以按照你們的想法去相親，甚至跟你們比較滿意的相親對象結婚，但是既然是你們為我做的選擇，那就要為此承擔責任。如果未來我不幸福，你們打算怎麼做？」很多父母也許會反思，婚姻大事還是讓子女自己做主的好。

第四步，人與人之間的相處需要界限感

界限不僅能明確我們自己的領地，也能警戒他人在交往中跟我們保持一定的分寸。作家蔡壘磊說過：劃出界限就意味著你在自己的領地四周築起了高牆，我們有時候也將其稱為「原則」。高牆以外的公共區域是交流區，高牆以內的私人區域是警戒區。警戒區是不可侵犯的，一旦有人闖入，你就得端起自己的「槍」，告訴別人誰才是這裡的主人。

在與人交往中，我們需要建立正確的回饋路徑，教會別人把握適當的分寸，並明確知道我們的底線在哪兒。雙方在交往初期、實力未明的時候，必然都是客客氣氣的，但彼此會進行一次又一次的試探，目的只有一個，那就是在儘量保證和平的前提下，替自己謀取更多的利益。

在試探的過程中，別人可能會觸碰你的底線，如果這個時候你沒有做出正確的回饋，比如適當展示攻擊性，那麼別人可能就會覺得你沒有底線，是個好欺負的軟柿子，「欺負」你都不需要承擔成本。那麼接下來，他就會變本加厲，比如提出更多無理的要求，把更多棘手的任務交給你。

所以，別人如何對待你，都是你教會的。你的一步步容忍、縱容，讓他習慣了這樣的行動路徑。假如當他越界的時候，「欺負」你的時候，你每次都能夠立刻回擊，讓他知道你的手段，那麼他就會知道這是你的底線，你這個人不好欺負，接下來他自然會調整自己的

行為，並在後續交往中把握分寸。經營婚姻也是如此，有時候夫妻之間是有必要吵架的，因為吵起來，對方才知道哪裡是你的底線，以後就能把握好交往的尺度，避免觸碰底線，自然也就能減少衝突。

#別抱怨別人欺負你，因為那是你允許的

你有沒有抱怨過：為什麼我的人生這麼悲哀？為什麼大家都欺負我、為難我？我到底做錯了什麼？如果你的答案是肯定的，那麼我要告訴你一個很殘酷的現實：身邊人總是欺負你，很有可能是你自己造成的。在這裡，我將分享兩個概念：欺辱成本和交際界限。

當別人跟你相處久了，對你瞭解透徹後，知道即便欺負你，你也不敢反抗，更不會對他們造成什麼損失，也就是說你的欺辱成本很低，所以才敢對你肆意妄為。就好像公共區域的一件工具，在沒有旁觀者的時候，你把它打破了，也不擔心會承擔什麼後果。但是如果是博物館裡的文物，你很清楚地知道損壞它要承擔巨額的修復成本，你就會小心翼翼，不敢妄動。

另外，別人和你相處的時候還會測試你的交際界限，也就是你的底線和原則。如果你沒有明確的界限，他們就會肆意妄為地進入到你的私人領土。想要改變任人宰割的局面，在行為層面，你就要學會拒絕。只要與人打交道，就很難避免總有人試圖挑戰我們的底線，提各種無理的要求，企圖從我們這裡獲得更多的利益，這是我們無法掌控得了的。

當你不敢拒絕的時候，你在害怕什麼

我們活在世界上，唯一能夠掌控的是自己。雖然提不提要求是他們的事，但是能不能拒絕，如何拒絕，如何保護自己，卻是我們能掌控的。那麼，為什麼面對別人過分的要求，你總是不懂得拒絕呢？有以下幾個原因。

1. 很多人不敢拒絕的深層次原因是自我價值感很低

自我價值感來源於兩個方面：一是我是否值得被愛，二是我是否能夠勝任。如果你相信自己是值得無條件被愛的，自己是有勝任能力的，你基本上就擁有了一個健康的自我價值感。

那麼低自我價值感都是如何形成的呢？這可能跟他們的原生家庭有關，有些父母總是羨慕別人家的孩子，不斷地否定自己家的孩子，挑剔他的毛病，甚至威脅他：「你不聽話，再做不好，我們就不要你了。」這種長期的否定、打壓和貶低會讓孩子形成各種不健康、不合理的限制性信念，比如「我是不值得被愛的」、「我是無能的」等。

那麼一旦形成這種心態，孩子為了獲得更多的關注和愛，他們只有討好、順從父母。一旦形成這樣的應對模式，長大後還會把這種模式投射在與其他人的相處之中，也就是不懂得拒絕，寧願委屈自己，也無法說「不」。

2. 缺乏拒絕的理由

他們潛意識中的限制性信念是：我拒絕你就要有合適的理由，否則我就不能拒絕你。每當面對別人的需求，當他們有能力幫忙，卻又不想幫忙時，就要艱難地尋找或者編造各種理由，這個過程無疑比直接答應更折磨人。另外，我們的傳統文化一直宣導的就是捨己為人，禮讓他人，多為別人著想。一旦拒絕別人，不滿足別人的要求，他們就會感覺內疚，彷彿自己是一個冷漠無情、不近人情、以自我為中心的加害者。

為了不讓自己有這種感覺，很多人寧願選擇委屈自己也不敢拒絕別人。從阿德勒心理學中的課題分離的視角來看，即使因為你的拒絕，別人感到受傷，你也無需對對方的感受負責。既然對方對你有需求，那他就要承擔被拒絕的可能，要為自己的需求負責。這是他的課題，不是你的。

開條件拒絕法

接下來我們看看社交高手都是如何拒絕的，他們懂得反客為主、變被動為主動的拒絕方式，也就是開條件拒絕法。

林先生有一個朋友剛轉行做保險，為了拓展自己的業務，朋友就來到林先生家做客。兩人簡單聊了一會兒後，朋友就向林先生推銷起保險。林先生並沒有購買保險的需求，所以對方剛開始講沒多久，他就打斷對話：「今天你來這裡看我，我心裡很高興，咱們就不談這些工作上的事了，來，喝茶，這是我最近得到的好茶葉，快嘗嘗。」

朋友沒辦法，只得端起茶杯喝了一小口，這個時候林先生繼續說：「對了，你最近不是在忙孩子的學區房（編按：房子所在區域屬於明星學校範圍）嗎？這個事辦得怎麼樣了？我挺關心的。」對方聽完，只好聊起了新的話題，放下了推銷保險的初衷。

林先生不好意思直接拒絕朋友，所以他通過先提三個要求來開條件，把話題的中心進行轉移，讓對方知難而退。首先是不談工作的話題，其次是喝茶，最後是談對方的事。這樣，這個朋友反而陷入被動，他開始思考要不要接受不說保險的要求，要不要喝茶來堵住自己的嘴，要不要去聊學區房的話題。

最直接的開條件拒絕法是，你可以跟對方說：「這個保險確實挺不錯，而且是你在做，自己人我比較放心，只不過我最近買房手頭很緊，我還想先找你借點錢周轉一下呢，你看行不行？」你看，是不是情況直接反轉了，賣保險的反而不好意思說這個話題了。

再舉個例子，比如你現在負責公司的A項目，這個時候老闆又打算把B項目交給你，那怎麼辦呢？直接拒絕肯定會給老闆留下不好的印象，這個時候你就要學會開條件、提要求。你可以對老闆說：「好的，我可以接手B項目，不過這樣可能會導致A項目延期，這不是我們想看到的。所以為了更好地把兩個項目都做好，能不能多分配幾個人手給我，或者再給我們幾天的時間？」

很多人的內心都有一個限制性信念：我不能對別人有要求。這點大錯特錯，別人能夠麻煩你，向你提出請求，你當然也可以向別人開條件。就像別人請求你，你會付出成本一樣，你反過來也提出要求，很多時候別人就會放棄壓榨你。

當然，掌握開條件拒絕法之後，我們還要靈活使用。也就是說，這種方法讓我們擁有更多的選擇，可以根據實際情況選擇不同的應對模式，而不是一以貫之。有時候，你就是要選擇委屈一下自己，滿足別人，不適合直接拒絕。

有時候，你則需要直接拒絕別人，甚至不需要理由，只要方式禮貌一點就可以。當然也有時候，你需要找到合適的藉口，委婉地拒絕別人，這樣能夠保全你們雙方的面子。還有一些情景，需要你反客為主，通過主動提要求，讓別人放棄對你的無理要求。所以真正有效的應對方式是靈活，要根據不同情況選擇合理的、正確的應對方式。

想要不被欺負，你要有這三種思維

想要改變任人宰割的局面，除了行為層面要學會拒絕之外，我們在思維層面也要有所提升。

1. 藏好你的底牌，別那麼容易讓人看透

人與人的相處模式是通過對彼此不斷地瞭解和試探而形成的，沒有人會在不瞭解你的時候欺負你，他們也擔心會付出代價。如果有人敢在你面前說出不尊重你的話，做出讓你不舒服的行為，一定是因為你們相互博弈、試探而形成的結果。

換句話說，是你把對方培養成了一個敢對你肆無忌憚的人。也許在交往過程中，別人一步步試探你的底線時，你選擇委曲求全，不敢捍衛自己的權益，最終對方看清了你的底牌，開始變本加厲直奔你的底線，最後形成了彼此之間的強弱關係。

2. 不要過於相信身邊人，對他們有太高的道德期望

真正的敵人並不可怕，可怕的是曾經非常要好的朋友站到了你的對立面，而他手上幾乎掌握著你大部分的底牌，知道你的死穴在哪裡。害人之心不可有，防人之心不可無，真正傷你很深的人往往是身邊人。所以，我們盡可能不要把自己的一切都告訴別人，也不要想著他們能永遠跟自己維持感情，這其實只不過是一種主觀性的道德期望。

3. 與任何人交往，都要畫出界限，並且要時刻堅持自己的原則

人與人的交往需要界限感，只有瞭解別人的界限，你才能清楚地知道與別人保持怎樣的分寸。同理，只有表明自己的界限，別人也才有與我們交往的尺度。畫出界限就意味著在自己的領地四周築起了高牆，我們有時候也將其稱為「原則」。高牆以外的公共區域是交

流區，高牆以內的私人區域是警戒區。

那交流區是怎麼建立起來的呢？每個人都想獲得比別人更大的話語權來建立交往優勢，因此會在不知不覺中試探對方的界限，這個過程就是踩底線。這樣做的目的只有一個：在儘量保證和平的前提下，替自己爭取更多的利益。

當我們在試探的過程中，如果觸碰到對方的警戒區，對方表示強烈抵觸，那我們就會暫時退出來，並為彼此相處的範圍畫出一條警戒線。如果在試探的過程中，對方選擇了委曲求全，那我們就會試探，直到找到對方不能容忍的點。這種行為被重複了多次之後，人與人之間的交流區就這樣建立起來了。

明白這一點後，你就要有一個覺悟：如果別人欺負你，觸碰你的底線，你一次都不要退縮，必須回擊。你的反擊不僅是維護自己的底線，更是要讓他們看到你的態度，告訴他們你不是軟柿子，未來對方再試圖拿捏你的時候就會考慮後果。

我們要明白：**關係的好壞很多時候不在於你如何對待別人，而在於你是強還是弱。只有強者才能獲得別人的尊重，你一再地忍讓，在別人看來只是廉價的示好。**所以遇事要忍，出手要狠。你在別人心中的地位是你一步一步博弈爭取來的，而不是一味忍讓換來的。想翻身，要學會先「翻臉」。

#如何讓你喜歡的人也喜歡你

你有沒有喜歡的人？每個人都可能會在人生的某個時刻喜歡上一個人，喜歡這種感覺說不清、道不明，好像無法用理性解釋。情不知所起，一往而深，聽上去好像挺浪漫的，但是，當我們從心理學的角度分析背後的本質邏輯時，會發現並不是這樣的。

喜歡是指一種依戀行為系統形成的主觀感覺，這是一種情緒感受。也就是說，你在與某人相處的過程中，對方可能恰好滿足了你的某種情感需求，並形成了一種依戀系統，你就產生了一種「喜歡」的情緒。這種依戀系統基本上可以分為兩種，第一種是安全感誘發系統，第二種是價值觀投射依戀系統。

最早提出依戀理論的人叫約翰．鮑比（John Bowlby），他是英國一位精神分析師，他提出的依戀理論是用來理解孩子和父母的關係的。根據一個人的焦慮程度和迴避程度的強弱，一個人的依戀方式可以分為三種：安全型、迴避型、焦慮型。他發現，哺乳動物的幼崽自身沒有存活能力，而那些成功獲得父母關注的幼崽則比較有機會獲得照顧，最終存活下來。所以幼崽會通過哭泣、尖叫、糾纏等方式來拒絕和父母的分離，我們人類也是如此。

一九八七年，哈珊（Cindy Hazan）和薛佛（Phillip Shaver）第一次把嬰兒與父母的依戀理論應用於成人的戀愛關係語境中研究，最終得出的結論就是成人的戀愛關係本質上也是一種依戀，而且嬰兒時期的依戀類型和成人親密關係中的依戀類型具有沿襲性。同時，更多的新研究正在證明，在成人親密關係中，伴侶相互依戀的方式和「嬰兒—父母」之間的依戀也高度類似。

簡單說就是，依戀行為一開始其實更多發生在原生家庭裡面，當很多人還是嬰兒的時候，就已經出現依戀行為了。這個時候他們無法獨立生存，需要身邊的父母隨時照顧自己、滿足自己。一旦這些無法被滿足，他們就會陷入恐慌、焦慮中。並且這些在童年形成的依戀行為，很大機率又會成為他們將來在人際關係中的表現模式，特別是對擇偶產生影響。我們這節主要探討在愛情裡影響占比比較大的兩種系統。

安全感誘發依戀系統

安全型依戀的人在還是嬰兒的時候，他們餓了就有奶喝，哭了就有人照顧，父母能夠及時給予回應。在父母離開的時候，他們雖然也會傷心，但是相信父母是不會拋棄他們的。具備這種依戀方式的嬰兒在長大後擁有親密關係時，會對另一半更有信心，在一段關係中有安全感，不會擔心另一半會拋棄他們。

但焦慮型依戀的人就不一樣了，他們可能從小就無法及時地得到父母的回應，所以內心總是缺乏安全感，害怕父母會隨時拋棄自己。當父母離開的時候，他們會極度恐懼、害怕，他們因此並不相信自己值得被愛。一旦長期形成這種心理認知，一個人體內的皮質醇就會堆積，這反過來會引發其受挫、焦慮、恐慌的情緒。當這類人陷入親密關係後，假如有個人能夠過來關心他們、支持他們，這個人就會無形中被他們當作依戀系統中的被依戀方進行物件投射，最終形成了喜歡的感覺。

比如，小時候父母總是批評你、否定你、不關心你，你變得越來越自卑，缺乏安全感，活得很痛苦。這時候突然有一個人闖進了你的生活，他總是關心你、陪著你、和你聊天，你慢慢有了一些安全感，並對這個人產生依戀，開始越來越喜歡他。特別是如果你剛剛經歷痛苦的事情，這時候剛好有一個人照顧你的話，你可能會放大這個人對你的好，更容易被追求到，原因也是安全感誘發系統在起作用。

價值觀投射依戀系統

價值觀投射依戀系統和安全感誘發系統則不同，它更多的是因為對方能給自己帶來價值認可，從而形成了喜歡的感覺。美國研究自尊的最資深的心理學家納旦尼爾·布蘭登（Nathaniel Branden）教授曾這樣解釋：就像我們看到的所有東西一樣，我們希望「看到」自己也是真實存在在這個世界上的。這個「真實存在」的物質形式，我們很容易看到，只需要「照鏡子」就好了。我們之所以那麼喜歡看鏡子中的自己，很重要的一個原因是：鏡子可以讓我們在意識層面感受到自己的客觀存在。

但是有一部分的自己是我們無法直接「看到」的，這個部分就是我們的靈魂。我們的思想、價值觀、信仰在某種程度上可以通過我們所取得的成就得到體現，比如我們畫的一幅畫或者設計的一棟建築，但是我們的整個靈魂無法在這個世界中以實體的形式展現出來，這是讓我們十分不安的事情。

我們的靈魂要怎麼樣才能像其他真實存在的物質一樣被「看見」呢？就是通過另一個跟我們一樣有意識存在的人。這個人如果能夠「看見」我們的靈魂，並且通過與我們的互動，把他們眼中看見的靈魂反射給我們，我們就知道自己的靈魂也是像所有其他真實存在的物品一樣，是可以被看見的了。換句話說，別人就像一面鏡子，可以照到我們的靈魂。而我們需要這樣的鏡子，才能看到自己的靈魂，真實地存在於這個世界，就像我們照鏡子的時候知道自己的身體是真實存在的一樣。

如果別人看我們的眼光跟我們內心深處最真實的自己是一致的，並且他們通過我們的言行，表現出對我們的這種理解，我們就會有一種深深地被「看見」的感覺。正是這樣的過程，導致了如果我們的靈魂真正地被一個人看見，我們就會愛上這個人。或者說，通過愛我們，讓我們看到了自己。

可如果別人並沒有真實回饋我們的內在自我，甚至對真實的我們形成了錯誤的判斷，我們可能就會因此迷失自我，看不清自己，甚至覺得自己的存在沒有意義，不能被理解。這種現象產生的本質，在心理學中被定義為自我缺失，就是我們失去了對自己內在的認識，無法客觀地評價自己，長期無法解決自我認同的問題，結果很大程度上就去盲目追求外部認同。

但是外部的認同未必客觀，別人也可能無法完全理解我們。這必然會導致我們產生各種情緒，比如焦慮、痛苦、抑鬱。為了避免這些體驗，讓自己好受一點，我們的大腦就開始拚命搜索那些能給自己帶來價值認同的東西，因為認同感會刺激體內分泌多巴胺，這種激素會讓我們感到滿足。

◇

深刻理解這兩套依戀系統，也許你就會發現真愛或者喜歡，也許並沒有那麼神聖，它的本質可能只是一種對童年缺失的彌補，是為了滿足自己的某些需求而找尋的心理慰藉而已。回到我們的主題：如何讓你喜歡的人也喜歡你呢？當你能夠給別人帶來安全感，或者提供自我價值時，別人喜歡你的機率就會高很多。從生物學角度來說，一旦生命中出現了讓自己有安全感和價值感的人，大腦就會分泌一種叫苯乙胺的激素，這種激素會刺激我們放大這個人的價值，並沉浸其中，這就是所謂的喜歡。具體怎麼做呢？只要把握以下這三個核心點就可以了。

1. **製造情緒波動**

我們在喜歡一個人的時候，往往都會有心動的感覺，而感覺本質上就是一種情緒。各種情緒的聚集，就會催生出一段情感。那應該如何製造情緒波動呢？可以分為兩個維度。

其一是外在環境誘發的情緒波動。比如可以帶女友玩雲霄飛車，去鬼屋、看恐怖電影，這些都比簡單的吃飯、逛街要好得多，因為這些活動會讓我們的情緒跌宕起伏，身體也會釋放大量激素，從而更快地觸發這兩套系統，並將這種感覺視為喜歡、愛情。

其二是通過打破對方的期待製造情緒波動。比如約會的時候，臨時告訴對方有事無法赴約，在他大失所望時，卻又突然出現在他面前，這樣他的內心也會經歷起伏變化。我們要記住，平靜如水的情緒是最無趣的，只有起伏不定的感覺才會讓人以為這就是愛。

2. **反射價值**

我們在前文已經說過了，當你能夠提供自我價值，對別人的價值觀進行彌補時，就可能讓對方產生喜歡的感覺，可是到底該怎麼提供價值呢？直接去告訴對方，這很顯然太缺少說服力了，所以最好的方式是，利用社會環境反射你的價值。

兩個人在交往中必然會有些緊張、缺乏安全感，為什麼呢？因為彼此都不瞭解，也不清楚彼此的價值感水準，他們會參照外在的環境進行評估，也就是瞭解你是怎麼跟別人相處的，周圍的朋友都是怎樣的人。基於此，我們可以借助外在環境來展現自己的價值，讓對方自己得出答案，這樣更有說服力。

你要展示自己紳士、禮貌、沉穩的一面，最好的方法並不是直接告訴對方，而是通過與其他人的交流來呈現。你要展示自己的優秀，只要身邊的朋友都比較優秀，對方也會假定你也是優秀的人，這個過程就是借助身邊的「鏡子」將自己的價值反射出去。

那我們應該反射哪種價值呢？是金錢嗎？其實，談戀愛最重要的價值絕不是金錢，很多人認為只要有錢，就不缺異性朋友，持這種觀點的人需要反思的是：奔著錢和你談戀愛，他喜歡的是你這個人還是你的錢呢？

其實，比金錢更充滿誘惑力的價值是精緻。有錢是一種絕對概念，而精緻是一種相對概念。精緻意味著更優質、更優雅，也更會享受生活。如果你變得精緻，就要學會選擇小的、花時間的物品。

為什麼要選擇小的呢？從人類的進化史來看，我們的祖先所處的環境不僅惡劣，生存資源也非常匱乏，而且還要面對突如其來的危險，這時就需要做好隨時逃跑、遷徙的準備，因此他們更願意隨身攜帶小而精緻的東西。我們也會發現，兩公升的雪碧，就沒有三百毫升的依雲礦泉水精緻；高檔飯店裡的每道菜都特別貴，分量卻比較小，遠比大排檔精緻得多。

為什麼要選擇花時間的呢？其實也很容易理解。不管是生活還是工作，如果從不花心思、花時間，敷衍行事，那麼必然毫無精緻可言。只有真正重視自己的追求，不馬虎，不隨意，不將就，認真把手上的事做好，多讀書，注重自己的談吐，對自己有一定的要求，才會顯得更加精緻。

3. 修復安全感

很多人的內心總是缺乏安全感、不自信、自我價值感低、自我質疑和批判、很少得到別人的認可。如果你有能力讓伴侶感覺到自己變得更好，更有價值感和存在的意義，伴侶自然更願意打開自己的心，並慢慢對你產生喜歡的感覺。那麼怎樣形成這樣的感覺呢？其實最簡單有效的方式就是表達欣賞。

首先，我們可以讚賞對方自我感覺良好的方面。其實，每個人都希望自己的閃光點能夠被別人看到和認可，如果我們能用欣賞的眼光去審視別人，並且大方表達出來，別人的內心就會特別滿足。比如妻子的廚藝很棒，做菜很講究，那你可以嘗試說：「每天最幸福的事就是下班回到家吃妳做的飯菜，我現在都吃不慣外面的菜，有妳是我的福氣。」

其次，對對方渴望的、平時想要卻得不到的方面進行讚美。不得不承認的是，我們總會在某些方面不如別人，但越是這樣，內心越想得到這方面的認可。那麼，我們可以及時覺察，用心去讚美，讓對方感覺到你是真的懂他、欣賞他。比如，女生總是覺得自己有點胖，我們可以說：「我覺得妳一點都不胖，妳現在的樣子真的很好看。」男生覺得自己不善溝通，我們也可以嘗試說：「我跟你溝通時就覺得很舒服，很喜歡跟你在一塊兒聊天。」

再次，通過欣賞對方的外在環境讓其獲得安全感。這和反射價值類似，只不過是通過承認對方的外在環境的價值，讓其在無形之中找到安全感和價值觀。比如，「我覺得你那幾位朋友很棒」、「你今天的絲巾很洋氣，剛好搭配你的衣服」。

看到這裡，你有沒有對喜歡這件事有更深刻的認知？不要覺得愛應該自然而然地發生，不應該用策略，這是偏見。就像婚姻需要經營，生意需要策略，親子之間需要溝通一樣，喜歡一個人也可以多多運用心理學理論。

#別讓所有付出，只換回一句「你人真好」

你有沒有遇到過這種情況：明明付出了很多，無條件地在幫助別人，但是到最後要麼只是換來一句「你人真好」，要麼就是對方不僅不領情，還覺得你很廉價？如果你經常這樣，那說明你沒有搞清楚付出和價值的邏輯關係，也沒有搞清楚價值的核心本質。

很多人都存在這樣一個盲點，他們覺得想要跟他人處好關係，自己就要付出更多，更無條件地去幫助對方，渴望以真心換得真心。這只是一種盲目性的主觀期待，有這種想法的人僅僅是活在自己的主觀世界裡。他們看似很努力，卻一直在自己的主觀世界中努力，自然得不到想要的客觀世界的結果。

人跟人的交往取決於什麼呢？四個字——趨利避害。一個人如果在你身上看到利益或者潛在的利益，覺得你的價值很高，那麼他就會主動向你靠攏。如果他在你身上看不到利益，覺得你的價值很低，跟你相處也不會帶來潛在利益，那他就會覺得和你的交往是無效社交，會直接把你淘汰。這就是人與人交往的本質。

但是一個人的價值或潛在價值是無法瞬間判定的，即便我們跟一個人共處幾天，也很難精準判斷他的價值高低。所以我們應該以什麼作為評估標準呢？這時就需要我們的潛意識出馬，潛意識裡有一套機制能夠幫助我們判斷一個人的價值高低，那就是得到的難易程度。

得不到的永遠在騷動

你有沒有聽過這樣一句話，人們更珍惜自己跋山涉水、歷盡千辛萬苦去見的人，反而對唾手可得的身邊人並不珍惜。這句話道出了價值判斷的核心——得到它的難易程度。一個東西、一件事，人們越是容易得到，越是覺得廉價，越不會去珍惜。反之，如果為了得到這個東西，需要歷盡千辛萬苦，付出很多精力與心血，那麼得到後，人們就會加倍珍惜，覺得很有價值。

那麼我們人類的潛意識為什麼會形成這樣一個價值判定標準呢？這是我們傳統文化的薰陶造成的。我們相信，「吃得苦中苦，方為人上人」、「得不到的東西才是好東西」、「物以稀為貴」。所以生活在這種導向的傳統文化下，我們逐漸形成一種信念：容易得到的東西都是廉價品，得不到的東西、很難得到的東西，才是好東西。

所以，如果你無條件為對方付出一切，那麼只會讓對方覺得你的付出是廉價的。因為得到你的付出的門檻很低，不需要花費成本。當你把自己的姿態放得很低時，你的付出也變得廉價了。在戀愛當中，這點尤為明顯。我們常把無條件付出、不計回報的一方稱為

「備胎」。他對暗戀的一方好嗎？非常好，相當好，無條件去付出，對對方千依百順，盡自己所能去滿足對方的一切要求，把對方看得重於一切。這樣把姿態低到塵埃裡的人往往不會得到所愛之人的憐愛。

從心理層面來看，付出者的姿態太低了，付出太容易了，對受惠者來說，這樣的付出是配不上高價值的自己的。付出者越是無條件去呵護受惠者，受惠的一方越是高估自己的價值，並朝著更難以追求到的人那邊去努力。

所以，這就是我們潛意識對價值的衡量和界定。很多時候，我們不能直接去判斷一個人、一個事物的價值，那麼我們就會通過潛意識的這套機制去初步判定。儘管這個判定是非常主觀的，但我們就是受到潛意識的支配。所以，如果你苦苦追求了一個男孩或女孩很多年，依然期望對方可以回過頭來看見自己，愛上自己，那麼你還是換個思路吧。

總結一下，潛意識對價值的判定方式會使我們對無條件的付出形成兩種偏見。

1. 無底線的付出等於廉價品

我們的大腦會形成一個慣性思維：一個「高價值」的人是不會搖尾乞憐、百般討好別人、不計成本付出的。所以一旦你這麼做了，人們就會覺得你是「低價值」的人。要記住，無底線、無條件地付出非常不可取。從人性角度來看，在人際相處中，越是無條件地付出，越會拉低自身的價值。

2. 無條件地付出會讓別人對自己產生刻板期待

別人會認為，你是一個好說話的、不會拒絕的、無私奉獻的人。一旦你不能滿足對方的這一期待，那麼對方會產生強大落差，形成負面情緒，甚至讓關係破裂。

當別人習慣你的付出，誰來體會你的難處

我有一個前同事，他非常樸實，也很單純，屬於典型的老好人。他特別熱心幫助別人，久而久之，大家有什麼瑣事都找他幫忙，甚至後來維持公司的整潔、各種雜事，都成了他一個人的事。

剛開始時，大家對他的幫助都心懷感恩，每次都會說聲謝謝。但時間久了，大家就覺得這些事情成了他理所應當要做的事，於是都心安理得地享受他的付出。有一次，他身體不舒服，所以沒有及時打掃衛生，處理雜務。其中一個同事便跳出來指責他：「你怎麼回事，太不負責任了，辦公室這麼亂怎麼不收拾啊。」他覺得特別委屈，於是找其他人訴苦，可大家要麼安慰他明天再處理就好了，要麼讓他別把對方的話當回事。但沒有人站出來主動承擔這些工作，也沒有人說：「這本就不是他的工作，只是大家在享受著他的付出，成為習慣了。」

那麼，是公司其他同事都太冷酷、太無情、太無理取鬧了嗎？並不是，是因為他的行為讓別人對他產生了高期待。當有一天他沒能達到大家對他的期待時，大家就會心生不悅，並將這種情緒宣洩出來，進而覺得他是不負責任的、令人失望的人。

還記得電視劇《人世間》中，周秉昆因為買房被騙，不得不搬回老房子去住，當時老房子正借給國慶一家人住。當聽說秉昆需要收回房子，讓他們搬走時，國慶的妻子吳倩開始大發雷霆，砸了秉昆帶來的罐頭，朝著孩子和丈夫大罵，並哭著要求秉昆：「我們搬出去可以，你給國慶找個工作。」

很多人看到這個情節時唏噓不已，秉昆借房子還借出仇來了？這其實就是人性。朋友們對為人和善的秉昆產生了高期待，免費住著他的房子並不覺得虧欠，當秉昆不再付出時，對方便產生了怨恨情緒。所以，為了避免自己的付出廉價化，我們要時刻牢記兩個原則。

1. 讓自己的行為多幾分「求而不得」

人，天性就對求而不得的東西感興趣。你看到一件喜歡的衣服，很想把它買下來，可是這時賣家告訴你斷貨了，買不到了。這時，你更會對這件衣服念念不忘，喜歡程度高漲，甚至還會因為買不到而很難過。於是千方百計找各種方法，哪怕花更多的錢也要把它搞到手。

很多賣家喜歡玩饑餓行銷的套路。當新品上市後會限量發售，消費者不是只要有錢就能買到，而是需要預約，需要排隊，這常常會造成非常好的銷售效果，所有產品被一搶而空。

我們生活中，多多少少都有一些「求而不得」的因素，對人們而言，因為求而不得，所以更加想要擁有。

那麼，為什麼人們會對求而不得的東西特別關注呢？人類所有的行為都會指向一個終極目的，那就是提高自己的生存機率，因為人類的首要需求就是生存下去。所以，按照叢林法則，當一個人所擁有的資源比其他人更多時，就更能應對惡劣的生存環境和各種不確定性的風險，生存機率也就越大。因此，一旦面對求而不得、供不應求的東西時，人們就會方寸大亂，渴望自己能夠搶先擁有。這是我們骨子裡根深蒂固的生存焦慮所導致的。

2. 製造危機，讓別人對自己的付出產生不安全感

對於一種資源，當我們預期到不會失去時，其就會貶值。經常有人問我：「為什麼我明明為他付出這麼多，他卻把我的付出當成理所當然了？」其實很大程度上就是因為你一直付出，導致對方的大腦形成了一種慣性認知。他已經預估到，在接下來的很長一段時間裡，你仍然會繼續為他付出。

那麼他一旦形成這樣的安全感，他會怎麼辦？他就不再花費精力去守護你的付出，而

把精力放在其他想要據為己有又求而不得的事物上。

為什麼我們的大腦會傾向於這樣做呢？正如前文所說，我們所有行為的終極指向只有一個，那就是生存。那麼想要更好地生存，就要獲得更多的資源。現在我們的大腦已經預估到你的付出是接下來還能得到的，有很大的機率仍然是屬於我們的。所以大腦必然要主觀性地把更多的注意力放在沒有得到的東西上，把更多的精力用於其他資源。

所以你會發現，為什麼辦公室的老好人一直在為大家默默付出，幫大家整理檔案、換桶裝水、打掃衛生，可是到最後大家都不感恩，最多不過說一句「你人真好」？為什麼兩個人戀愛時你儂我儂，可結婚後過了幾年卻變成了彼此嫌棄呢？

這都源自上述原因。只不過很多人不明白，他們主觀性地幻想著只要自己付出足夠多，就能感動天感動地，可結果並不是這樣！那麼，日後我們該如何與人相處？以下內容給你提供參考。

為自己的付出設置獲得的門檻

也就是說，別讓自己的付出太過容易被人享受。前文已經講過，我們的潛意識會通過獲得的難易程度來判定一個人的付出價值度。所以，要想讓別人高看自己的價值，那就不要那麼容易讓對方從自己這裡心滿意足。你可以主觀性地設置一些障礙或者條件，增加對方獲取的難度。

比如很多女孩子都非常善用「欲擒故縱」的把戲，就是這個邏輯：我對你挺滿意的，挺喜歡你的，但我表面上表現得雲淡風輕，並不把你當回事兒，不讓你看到我內心真實的活動。在你追求我的過程中，我還要設置一些障礙或條件，讓你覺得追求我並不是輕而易舉的事。因為她們懂得，如果被輕而易舉地追到，很容易不被珍惜。

當別人求你辦事時，也是一樣的邏輯。你在權衡完做這件事的難易程度後，可以這樣回覆：「這個忙我可以幫，但是需要花費我一點力氣，調動一些人脈和資源。我盡力幫你。但是如果我幫不上，你也不要怪我。」

通過這樣的回覆，讓對方看到你做這件事的不易，降低對你的期待。那麼當你真能如願幫上，對方會感激不已；當你確實沒有幫上，對方也不至於太過失望。因為事前你已經給對方打了一劑預防針，讓其降低了對你的期待，為你的付出設置了一些障礙和條件。

學會麻煩對方，讓對方為你們的關係付出

為什麼要讓對方也付出呢？就是因為只有對方投入了，他才會難以割捨，才會看重這段關係。如果說一段關係中只有一方在付出，那這段關係就是非良性的，而且很容易破裂。因為沒有付出的那一方在這段關係上沒有花費心力、精力、金錢和時間，所以就不容

易引起他的重視。一旦關係破裂，他不會有太多損失，自然也不會覺得惋惜。

反之，如果他對這段關係也投注了很多精力和時間，那麼這段關係在他的心理上就會占據很多的能量。當關係破裂時，他會有喪失感。有兩個心理學邏輯恰恰說明了其中的道理，一個是沉沒成本效應，一個是逆向合理化效應。

1. 沉沒成本

它是指已經發生的、已經產生的、不能由現在或者將來決策而改變的成本。經濟學家斯蒂格利茨（Joseph Stiglitz）舉了一個例子對此做了很好的說明：你花七美元去看一場電影，進入電影院後看了半個小時，你發現這部電影不好看，這錢花得不值。你想要離開，但是想到自己已經看了半個小時，浪費了七美元，所以最終你還是堅持把電影看完了，這就是沉沒成本效應。

半個小時的時間和七美元，其實就是你的沉沒成本。不管你當時是留下還是離開，這個成本都已經產生了，改變不了了。這種成本不僅僅體現在物質、金錢上，它還包括時間、感情、意志上的投入等。

這個效應對我們的影響是方方面面的。為什麼呢？因為人們放棄一件事的時候，會習慣性地先看一下自己之前有沒有投入過。如果已經投入過，那麼要他們貿然放棄會覺得不甘心，接下來的決策也會受到影響。

我有個朋友長得很漂亮，後來有個男人向她求婚，最終她嫁給了這個男人。結婚之後，她才發現這個男人的性格特別不好，脾氣特別臭，還經常家暴她。被家暴幾次之後，她就想著要結束這種生活，離開這個男人。可是事後，這個男人總是說兩句好話就把她哄回去了，兩個人就和好如初。很多人不理解：「妳為什麼還要回去呢？妳還想被他家暴嗎？」

其實，這種現象是非常正常的，她為什麼屢次被家暴，但是最終三兩句好話又能哄得她回心轉意呢？就是因為她已經在這個男人身上投入了太多，她把自己的青春都給了他，為他生兒育女，為這個家庭付出了太多，產生了太多的沉沒成本。所以她覺得現在離開太不甘心、太虧了。這種心理導致她最終還是選擇留在這個男人身邊，並試圖去改變他。

2. 逆向合理化效應

它是指通過合情合理的邏輯，使自己情感和行動上的決定合理化某一個結果的過程。簡單說，就是當自己目前的行為和先前一貫的認知產生分歧、不一致的時候，我們會產生強烈的不舒適感、不愉悅感。為了消除這種情緒，我們就需要替自己找個理由來調節這種情緒，進行自我說服，認為這一切都是合理的。

社會心理學中也這樣解釋：人會對自己的行為做合理化的解釋，因為我們潛意識中認為自我價值永遠是正確的。那麼基於這個心理學效應，當一個人為我們付出了，他就要對自己的付出行為做出合理化的解釋，比如「我之所以願意為她做這些，可能是我真的喜歡她，她真的很有價值，要不然我才不會這樣做」，最終他把自己說服了。

設置界限，克服自己的「貪婪的人性」

為什麼有人會出軌？為什麼有人會對他人的付出視而不見？這就是因為他們被「貪婪的人性」給控制了，總是垂涎於那些求而不得的東西，而忽視了身邊對自己付出的人，沒有看到他們的價值。

所以，你要學會覺察並驗證，當你對陌生的人、事、物開始「念念不忘」，甚至為其著迷的時候，就要意識到自己進入了這個狀態中。接下來，你要把這種感覺當作一種提醒，提醒自己重新審視這些人、事、物的實際價值，看看自己是否因為沒有擁有過，所以主觀地放大了他們的價值，而忽視了已經擁有的一切。

這樣，你就不會再輕易掉進「求而不得」的圈套裡，能夠把自己從情感的非理性狀態中拉回來，真正意義上成為自己的主人。

第九章

清醒處世：成事不傲，敗事不喪

#你有多謙卑，就有多高貴

一個人能不能成事，除了和智商、情商有關係，還與他的思維有緊密的關係。如果他能夠打開自己的思維，就能看到更多的機會，改變自己的行為方式，從而更快地接近成功。

最近很多人問我：一個普通人如何實現逆襲，變得更強？你最應該做的其實是學會一種思維——保持謙卑。保持謙卑包括三個維度。

不盲目自信

很多人之所以難以成事，是因為他們停止成長，導致思維滯後，被社會淘汰。停止成長源自盲目自信，覺得自己無所不能，什麼都懂。一旦陷入這種狀態，他們就會驕傲自大、沾沾自喜，沒有繼續學習和探索的動力。盲目自信的人做事情欠考慮，容易被好勝心所掌控，去做力所不能及的事。

我有個朋友在一個公司做了四五年，能力特別強，後來一路飆升到總經理的位置。這時候，阿諛奉承的人自然也就多了，這種話聽得多了，他就真的覺得自己很厲害，甚至認為公司能有現在的成就，大部分都是他的功勞。有一次老闆召開會議，他當場抨擊老闆，搞得老闆下不了臺。後來沒多久，老闆就把他開除了。這就是盲目自信而迷失了方向。常見的表現有兩個。

首先，認不清自己的位置。比如，很多人是靠平臺的扶持出道的，但是有一天做大做強之後就想著自立門戶，結果被平臺封殺了，自此一蹶不振。他們自以為是自己很厲害，其實真正厲害的是平臺。包括很多在大公司工作的人，他外出見客戶、談生意，別人都給他幾分面子，行業內的人也很尊重他。這時候，如果他認為這都是自己的能力，往往就會迷失方向，一旦從公司離職，就會發現這些曾經很敬重他的人，再也聯繫不上了。

其次，做自己不擅長的事。小說《天幕紅塵》中講了這樣一個故事，羅家明在北京做生意，慢慢開始有了錢。他覺得自己很高明，就跑到莫斯科做石油開採的生意。可是他對這個行業缺乏基本的瞭解，對政治背景的認識也不夠深刻，最終把生意做得血本無歸，他選擇了自殺。

所以，我們永遠不要盲目自信，要知道，自己的成功除了努力之外，還有其他因素操控著，比如運氣、背景、貴人等。很多股民偶爾在股市上賺到了錢，他們就覺得是自己比較厲害，找到了炒股的竅門，然後繼續投入大量資金，這時候往往會被市場收割。賺到錢並非只是靠自己，還有市場因素在其中，你不懂得敬畏市場，肯定要被市場所打壓。

找到合適賽道，在自己的能力圈內做事

我們剛剛瞭解到，如果一個人不懂得謙卑，那就會盲目自信，迷失方向，這樣很容易去做自己不擅長、不瞭解的事情，最終失敗。謙卑的人會對自己有深刻的認知，能精準地瞭解自己的能力範圍，知道自己擅長做什麼，不擅長做什麼，優勢和劣勢在哪裡，這樣他們會把更多的精力聚焦在自己擅長的事情上，然後去發揮出最大的價值。

如果貝多芬去做雕塑，他可能努力一輩子也做不出什麼成就；如果米開朗基羅去彈鋼琴，他同樣也成不了音樂家。每個人都有天賦，所謂天賦，就是面對同一首歌，有些人可能學了幾十遍也不會，但是你只聽一遍就會唱。每個人也都有興趣，興趣就是你打從心底

裡願意去做的事情，即使這件事沒有回報，你做起來依然滿心歡喜。有了天賦，你才更容易成功，有了興趣，你才更容易堅持。我們要找到的就是天賦和興趣疊加的部分，然後傾注自己所有的力量。

我們都知道著名投資人巴菲特和查理．蒙格，他們為什麼能夠創造那麼多的投資傳奇呢？核心祕訣只有一個，那就是他們一直在自己的能力圈內做事。你去看他們的人生經歷會發現，其實他們一生做的投資決策並不多，但是每次決策基本都能大賺一筆。為什麼？因為他們很清楚自己能夠做什麼，不能觸碰什麼，所以他們不會做很多投資，也不會頻繁地買進賣出，而是只選中自己擅長和瞭解的項目，重倉加持，一擊必中，這也叫「只打甜蜜區的球」。

敢於接受自己的不行，敢於承認自己的無知

很多人從來都不敢承認自己的錯誤，更不敢承認自己的無知，否則就覺得自己很沒面子。當你具備這種心態的時候，你的人生就不可能有什麼成長。

我們在前進的過程中會經歷很多事，遭遇很多挫折，犯下很多錯誤，只有能從中積極反思、汲取養分，才會變得更強大。真正厲害的人都有一個特點，那就是善於傾聽，敢於接受不同的意見和新鮮的概念。這都是建立在允許自己犯錯、承認自己無知的前提下。所

以，人想要變強大，一定要先從謙卑開始。

我以前認為自己記性好，不用做筆記，後來我發現很多事如果不及時記錄下來，確實也會忘，現在我又開始重新記筆記。另外，我也覺得自己直覺很準，料事如神，感覺一些事情只要安排下去，下屬就能很好地完成，後來我發現做好一件事沒有那麼容易，於是開始轉換思維，並不是「看不到問題就是沒有問題」，也不是「我不喜歡的就是錯的」。我會傾聽更多人的意見，收集更多的資訊，然後再做決策，這樣很多問題都能避免了。

這是我從自負到謙卑的一個轉變，因為我明白了：是人皆弱，是人皆無知，沒有人絕對強大。即使是世界冠軍，他在真正的問題挑戰面前也只是螻蟻。**唯一相對強大的，是對這一認識更為深刻，然後將一切建立在絕對弱者自覺之上的人，也就是那些付出很多努力去學習和練習如何作為一個弱者生存的人。**要清楚認識到自己的絕對軟弱，但那不是怯懦，而是一種真正的剛勇，是真正強大的起點。

#苦樂皆轉為道用，痛苦自會煙消雲散

你是如何應對衝突的？是選擇悄然逃開，還是歇斯底里地對抗？如果你的答案是憤怒，那接下來的內容需要深入地看下去，因為你會看到應對衝突的新選擇。

王小波說：「人的一切痛苦，本質上都是對自己無能的憤怒。」我以前覺得未必如此絕對，有時候面對痛苦只是感覺內心無力，畢竟誰都不是聖人。不過隨著這些年的學習，我悄然改變了想法，越發認同王小波的觀點。

因為這世上很多東西無非都是人主觀定義的，我們陷入某種情境中逃不出去，也並非無能為力，只是根據經驗和慣性，選擇了單一的應對方式，而沒有嘗試從其他視角看待這件事，也沒有嘗試更多的選擇。當問題無法解決時，為了掩飾自己的無能，我們選擇用憤怒來應對。

我的朋友剛子在一家私企工作，這三年來，他兢兢業業，勤奮努力，也得到了上司的器重，但是前幾天，他突然說要辭職。原來，上司分配了一個專案，讓他和A君負責。但是專案因為供應問題耽誤了進度，結果上司直接對著剛子臭罵一頓，卻絲毫沒有問責A君。剛子內心很不爽，認為是A君在推卸責任，於是和A君大吵一架，並想辭職，一走了

之。

這樣的情況其實很常見，理論上講，我們只要處於社會群體中，就會不可避免地和別人產生各種各樣的衝突，比如和老婆吵架、和同事爭吵，甚至和孩子也會針鋒相對。產生衝突並不可怕，問題在於很多時候我們不了解衝突的解決辦法，彷彿除了憤怒，無能為力。毫無疑問，衝突會給自己和他人帶來嚴重的後果，那麼為什麼我們總是喜歡用衝突的方式去解決問題呢？

其實，衝突本質上也是一種自我保護的方式。當我們覺察到別人侵占了自己的邊界，就會以戰鬥的方式來保護自己不受傷害，並伴隨憤怒情緒的產生。從生存的角度來看，這一切似乎都沒有問題，只不過從解決問題的效果來看，往往達不到自己想要的結果。那麼，我們到底該如何避免衝突呢？

利用情緒ABC理論，重新審視事件本身，平復情緒

心理學有一種常見的認知偏差叫作活動者—觀察者效應，這是指行動者對自身行為歸因不同於他人對此行為的歸因：行動者傾向於把成功歸因於個人特質，把失敗歸因於情境；而觀察者則會更多地把成功歸因於情境，把失敗歸因於個人特質。舉個例子，你和朋友去參加一個飯局，如果是你遲到了，你就會傾向於歸因情境來為自己開脫，比如堵車、

臨時有要緊事要處理；如果是朋友遲到了，你就會傾向於歸因個人特質，比如朋友人品不好、他沒有時間觀念。

正是這種認知偏差，導致兩個人在發生衝突的時候會傾向於認為自己總有苦衷，而對方有問題。就好像夫妻兩人吵架的時候，妻子常常這樣抱怨丈夫「你從來都是這麼懶」、「你從來都是這個態度」。她們傾向於誇大事實，把一次小衝突上升到對方屢教不改的態度問題。如何更好地解決這個問題呢？情緒ABC理論可以幫助我們站在客觀的角度重新看待事情本身，並以此來平復情緒。

情緒ABC理論認為，激發事件A只是引發情緒和行為結果C的間接原因，直接原因是個體對激發事件A的認知和評價而產生的信念B。我們往往認為是事件直接導致了結果，但其實是我們對事件的信念決定了最終結果。**這個理論對我們的啟發是：我們可以通過改變對一件事的信念，從而改變結果。**比如丈夫拉著臉回家，坐在沙發上一言不發，你問他話，他也不回應。如果是往常，你可能會立刻生氣，認為他簡直莫名其妙，然後就是大吵一架。但是現在，你開始有意識地改變對事件的信念，推測他可能是在工作上遇到不順心的事情。你嘗試包容他的情緒，並決定等他心情好一些了再溝通。

當你能夠重新審視這件事，改變自己的信念和看法，結果可能就完全不一樣了，一場衝突就這樣被成功避免了。當然，如果沒有刻意練習，你很難做到每次都能及時轉換信念。接下來還有一個相對簡單的辦法——禪宗的正念。過程很簡單：如果你發現自己的情緒無法平復，不妨找個可以獨處的環境，觀察自己當下的情緒。往往用不了一分鐘，你的情緒就會平復下來了。只要你能意識到自己的情緒，它對你的影響程度就能馬上降低。

先進入對方的世界，讓對方感到被理解

很多時候衝突的爆發往往是因為對方認為你並不理解他，換句話說，你沒有先給對方營造一個安全區域。那麼自然而然地，不管你接下來說什麼、做什麼，是否真心為他好，他都聽不進去。比如你和女朋友發生爭執，你努力使自己的情緒冷靜下來，也努力客觀理性地去處理，然後你開始向她解釋：「其實，我認為這次吵架的原因是這樣……」你滿心以為關係會有所緩和，她卻突然暴怒：「你就知道給我講道理！」其實原因就是：你沒有讓對方形成一種「我完全被理解」的感覺。共情能力非常重要，甚至遠比你講的大道理重要。

我有一位學員抱怨跟孩子的關係特別差，比如孩子在學校受欺負了，他也很用心地教育孩子，跟孩子講道理：「要思考自己的問題，學校不像家裡，在家裡父母能夠包容，但是在學校就要和同學友好相處。」他本以為自己是為孩子的將來考慮，但是沒想到孩子卻說：「你們根本就不關心我、不懂我。」然後就關門進房間了。為什麼會出現這種情況呢？

就是因為父母沒有先去撫慰和關心孩子，理解孩子的委屈，而是灌了一些冰冷的社會道理，孩子必然會很失落。

所以請記住，在面對衝突時，不要去爭辯所謂的對錯，講大道理，而是要先認同對方、理解對方，然後再去探索對方的真實想法：「你確定是這麼想的嗎？」「我想聽聽你對這件事的真實看法。」「如果是你，你希望怎麼解決呢？」「你想要達到一個怎樣的結果？」這樣對方會感覺到你是真的在意他的看法和建議，而不是咄咄逼人。與此同時，他也能夠重新審視事情本身，也許就能意識到問題所在了。

#小孩子才會認錯，成年人往往直接認命

「認命」是一個很有意思的話題，也有很多人以此來鼓舞自己，卻並不理解它的真正含義。你可以回憶一下，自己是否也曾這樣搖旗吶喊過：「我要奮鬥，我絕不認命，我就不信自己做不成這件事……」那麼很顯然，你潛意識中將「認命」當作一個充滿消極意義的詞彙，認為認命就是妥協、頹廢、無作為。不過並非如此。

我曾拜訪過很多厲害的人，聆聽他們能夠成功的智慧，發現他們都有一個共性，那就是懂得認命。很多人會覺得認命是一種迷信，在我看來，不認命才是迷信。就像騰訊前副總裁吳軍所說的：「所謂不認命，就是以為世界上所有事情自己都能控制，其實這才是一種妄念，是對自己的迷信。」

宇宙中一定存在著整個人類都無法控制的力量，只有承認了這一點，才是真正的唯物主義的態度。就像我們個體一樣，每個人都有能力邊界，很多事情是我們天生就做不到的，這和是否努力無關。所以認命不是一種消極的人生態度，而是一種敢於坦然、接受客觀事實的勇敢。我們可從三個維度進行深入剖析。

第一個維度：見自己，聽天命

我們經常說，人貴在有自知之明，也就是要清楚地知道自己的長處和短處，瞭解自己的能力邊界，然後在邊界之內最大化自己的收益。其實這就是認命的第一個維度。為什麼很多人很難成事呢？有兩個原因。

首先，沒有客觀地認識自己，不知道自己的長處和價值點，總在錯誤的方向上努力，所以一無所獲。其次，故意不認命，選擇與命運抗爭，以此彰顯出自己的積極向上，結果總是跌得很慘。我有個朋友開了一家燒烤店，生意做得還不錯。後來他看到別人做網路專案很賺錢，就很眼紅也想加入，當時他的家人和朋友都勸他不要去蹚這趟渾水，可是他不聽，還大放厥詞：「我命由我不由天，年輕就要挑戰命運。我能把燒烤店做得紅火，這個我也能做好。」結果不到一個月，他就把所有的錢虧光了，之前開燒烤店賺的錢也全都賠了進去。

這就是典型的不認命，年輕人要勇於奮鬥，敢於拚搏，是推崇一種不甘平凡的鬥爭精神，而不是在自己的能力範圍外做事。很多人找我抱怨：「我已經這麼努力，已經付出這麼多，為什麼人生還是這麼糟糕？」我給他們的建議是：「努力而未果，則要知止，用以反觀自我。」

我們要明白，一個真正能夠成事的人，一定是對自己有著客觀瞭解的人，他很清楚自己的能力範圍在哪裡，然後一直專注在這個範圍之內做事。這是一種認命，也是一種智慧，但絕對不是消極。那麼應該如何認識自己，知道自己的能力邊界呢？有兩種方式：自我認知和外在評價。

如果你剛步入社會，這時候最應該做的是多闖蕩，放手去做事，去見人，在這個過程中你才能發現自己擅長什麼，不擅長什麼。如果你已經在社會上摸爬滾打多年，請記住不要一覺得跟別人有差距就拚命努力，一味想通過犧牲更多的時間去縮小差距。你要做的是停下來反思，以逐步明確自己的能力邊界。這都是更清晰的自我認知的方法。

我們都知道，當局者迷，旁觀者清。有時候，我們是很難看清自己的，這個時候也可以通過瞭解別人對自己的評價形成自我認知。有時候，別人的客觀回饋會讓我們更完整地認識自己。當然，別人的評價只是一種參考，大部分的自我認知還需要自己去探索、挖掘。

第二個維度：敢於接受錯誤和失敗，沒有過高的期待

你允許自己犯錯嗎？有沒有因為自己做錯某件事而痛苦不已，從而產生巨大的挫敗感？如果有，那你還不太懂得認命。很多人對待錯誤和失敗都不能保持客觀的理性態度，他們要麼選擇逃避，要麼選擇推卸責任。

我有個朋友已經四五十歲了，每次跟他聊天，他都會叨念說自己陰差陽錯沒有考上重

點大學，抱憾終生。其實，這件事已經成為既定事實，無法改變。認命代表的就是放下，把過往的遺憾或者沒有做到的事情放下，這樣才會把更多的生命力用於創造未來。

有個農夫挑著一筐碗去集市上賣，路不好，他不小心打碎了一只碗。結果他看都不看這只碎了的碗，直接繼續往前走。這時候旁邊有個路人對他說：「你的碗都碎了，你怎麼不回去看一看呢？」他笑了笑說道：「既然已經碎了，我還看它幹什麼，還不如抓緊時間趕路。」這個故事蘊含著大智慧，很多人就做不到農夫這樣毅然決然，結果白白浪費自己的時間，等到了集市，天都黑了。

在認命的人眼裡，錯誤和失敗是無比正常的事，人生本來就是在「行動—出問題—調整—出問題—調整—成功」不斷試錯的過程。面對失敗，他們首先檢查是不是方法不對，其次檢查是否在某方面確實能力不足，也就是方向問題。

他們的內心也深刻地明白，自己不是神，所以允許自己失敗，允許自己是不完美的。他們會把每一次失敗都看作一次絕佳的成長機會，把每次出現的問題都當作一次善意的提醒，甚至希望這些能早些出現在自己的生命裡，這樣就能更早地快速成長。

沒有過高的期待，就要求我們盡力而為，但結果是自己無法掌控的。很多人用盡全力去做一件事情，最終卻失敗了，他們會很失落、傷心，就是因為對結果有很高的期待，當期待落空的時候，痛苦自然就產生了。但是高手知道，世間有很多事情，只要用盡全力去做就足夠了，無須去管結果是好是壞，這就是一種去留隨意，不悲不喜的人生態度。

這本質上也是一種認命，因上努力，果上隨緣。當你具備這樣的認知，你的人生就會充滿陽光，對事情沒有那麼多期待。全力以赴就好，剩下的交給天意。

第三個維度：有一顆謙虛之心、敬畏之心

最高級的認命就是有一顆謙虛之心、敬畏之心，懂得我命雖由我，但終究有限。越是身居高位，就越要謹小慎微，明白「人外有人，天外有天」，接受自己的渺小，懂得世上有太多人力不可控的因素，對萬物都有敬畏之心。一旦失了敬畏，必然會迷失自我，那麼接下來決策失誤的機率便會大大增加。

保持謙虛、敬畏之心，便能迅速成長。因為這個心態會讓我們在和其他人相處的時候，更多地看到對方的閃光點，學習之心會勝過嫉妒之心。很多人之所以很難成長，是因為他們遇到優秀的人，首先想到的是排斥、攻擊和打壓，這樣做浪費掉的恰恰是學習、成長的機會。

保持謙虛、敬畏之心，能避免無妄之災。人很多時候都是情緒化動物，如果有一點成績就自我膨脹，生出諸多欲望，結果必然是害苦自己。我們經常說想要毀掉一個人，最好

的方式就是捧殺。直白點講，就是滅掉他的敬畏之心，讓他迷失自我，行不可行之事。有了敬畏之心，我們才能及時自我覺察，不惹無妄之災。

◇

讀到這裡，相信你應該明白，我所分析的認命和你以為的或許不是一個概念。一個人真正想要成事，首先要做的就是對命運有所敬畏，這是一種積極的人生態度，也是一種有利於自己成長的態度。

認命代表著你能夠正確地審視自己、瞭解自己，明白自己的優劣勢和能力邊界在哪裡，然後在能力範圍內盡人事、聽天命。認命的人持有一種泰然處之的人生態度，他們會盡自己最大的努力，但不那麼執著於最終的結果，有勇氣接受現實。

VIEW 121

不是搞不定人，是搞不懂人性：掌握人類行為的底層邏輯，到哪都吃得開！

作　　者—王心傲
主　　編—尹蘊雯
責任編輯—王瓊苹
責任企劃—吳美瑤
封面設計—Ancy Pi
排　　版—邵麗如

編輯總監—蘇清霖
董 事 長—趙政岷
出 版 者—時報文化出版企業股份有限公司
一〇八〇一九臺北市和平西路三段二四〇號三樓
發行專線—（〇二）二三〇六六八四二
讀者服務專線—〇八〇〇二三一七〇五・（〇二）二三〇四七一〇三
讀者服務傳真—（〇二）二三〇四六八五八
郵撥—一九三四四七二四　時報文化出版公司
信箱—一〇八九九臺北華江橋郵局第九九信箱

時報悅讀網—http://www.readingtimes.com.tw
電子郵件信箱—newlife@ readingtimes.com.tw
時報出版愛讀者—http://www.facebook.com/readingtimes.2
法律顧問—理律法律事務所　陳長文律師、李念祖律師
印　　刷—紘億印刷有限公司
初版一刷—二〇二二年十月十四日
初版五刷—二〇二四年八月二十日
定　　價—新臺幣三三〇元
（缺頁或破損的書，請寄回更換）

時報文化出版公司成立於一九七五年，
並於一九九九年股票上櫃公開發行，於二〇〇八年脫離中時集團非屬旺中，
以「尊重智慧與創意的文化事業」為信念。

不是搞不定人,是搞不懂人性：掌握人類行為的底層邏輯,到哪都吃得開!/王心傲著. -- 初版. -- 臺北市：時報文化出版企業股份有限公司, 2022.10
面；　公分
ISBN 978-626-335-960-4（平裝）

1.CST: 人際關係　2.CST: 應用心理學

177.3　　111014731

ISBN 978-626-335-960-4
Printed in Taiwan